DANSEN OP EEN ZIJDEN DRAAD

Nicky Westerhof

DANSEN OP EEN ZIJDEN DRAAD

Over een meisje dat op 22-jarige leeftijd een ingrijpende beslissing moet nemen om te overleven

KEFF & DESSING PUBLISHING
ISM PROMETHEUS

KEFF & DESSING PUBLISHING
ISM PROMETHEUS

Dansen op een zijden draad is een uitgave van Keff & Dessing Publishing in samenwerking met Prometheus
www.keffendessingpublishing.nl
www.uitgeverijprometheus.nl

ontwerp Diewertje van Wering
fotografie Robbert-Jan de Witte
visagie Chantal Ramkisoen
drukwerk Wilco te Amersfoort
Met medewerking van Friso Leunge en Corien Niezing

ISBN 978 90 446 2308 6
NUR 320
1e druk januari 2013

Voor mama.
Je zal altijd mijn voorbeeld blijven.

1.

Het is vandaag vrijdag. Ik ben al sinds dinsdagmiddag in het ziekenhuis en ik ben woensdag geopereerd. Ruim acht uur hebben artsen aan me gesleuteld om mijn borsten weg te halen en er twee nieuwe knappe exemplaren voor terug te zetten. Die nieuwe exemplaren zijn de afgelopen dagen door veel mensen gezien. In het begin om het halfuur en vandaag worden ze nog om de twee uur door verpleegkundigen gecontroleerd om te zien of mijn lichaam ze accepteert. Of de doorbloeding nog goed is en of ze niet afgestoten worden. Gelukkig is dat nog niet het geval en heb ik dus twee nieuwe borsten. Probleem is alleen dat ik er zelf niet naar durf te kijken. Als de verpleegkundigen, van wie de meesten even oud zijn als ik, de verbanden openslaan draai ik mijn hoofd de andere kant op. Zo gaat het al twee dagen. Ik ben me ervan bewust dat ik een keer kennis met ze moet maken, maar ik voel me er wel prettig bij om dat moment nog even uit te stellen. Want wat moet ik nou doen als het tegenvalt? Als ik ze heel lelijk vind en niet om aan te zien? Ik kan moeilijk vragen of ze het dan nog een keer over willen doen, maar ik moet wel de rest van mijn leven met ze doen. Als ik af moet gaan op de reacties van de verpleegkundigen moet dat geen probleem zijn. Stuk voor stuk vertrouwen ze me toe dat het resultaat prachtig is en dat het echt niet eng is om te kijken. Maar ik durf niet. Want wat weten zij ervan? Hoe weten zij hoe het voelt om 22 jaar te zijn en wakker te worden zonder je eigen borsten? Klote, dat is wat ik weet.

Noor en mijn zusje Suzanne komen precies op tijd. Ik krijg voor de eerste keer mijn 'lunch' geserveerd in mijn kamer op afdeling 7 Midden van het Erasmus MC in Rotterdam. Geloof me, dat is geen pleziertje. Ik ben gisteren en vanmorgen zo vreselijk misselijk geweest dat het eten van een droge boterham me al zeker een uur gekost heeft. Op het moment dat er dan een bord met zo'n fijne plastic kap overheen mijn kant op komt ben ik niet blij. Zonder die er ook maar af te halen gebiedt Noor de mevrouw-van-het-eten het bord weer mee terug te nemen. Als je Noor een beetje kent, dan weet je dat niemand haar zoiets zou durven weigeren. Ze is naast de beste vriendin van mijn ouders voor mij ook een soort tweede moeder. De lunch wordt dan ook direct ingeruild voor een beschuitje en een kopje bouillon. Stukken beter.

Een uurtje later komt een van de verpleegkundigen mijn kamer binnen om de wonden en mijn borsten te controleren. Noor en Suus zijn er gelukkig nog. Ik vraag hun of ze mee willen kijken omdat ik het gevoel heb dat ze het me eerlijk zouden zeggen als ik gewaarschuwd moet worden. De verpleegkundige wikkelt de verbanden eraf en ik draai mijn hoofd naar links. 'Wauw,' hoor ik ze tegelijk zeggen. 'Wat geweldig, het is prachtig geworden. Ze lijken heel erg op de borsten die je had en ze zijn ook nog heel bruin!' Kijk, dat zijn details waar ik iets aan heb. 'Weet je zeker dat je niet even wilt kijken?' Maar dit is het moment nog niet voor mij, dus ik schud mijn hoofd. Ze worden weer ingepakt en ik durf mijn hoofd weer terug te draaien. Noor pakt mijn hand en samen met Suus lachen ze me toe. Volgens hen hoef ik me geen zorgen te maken en is het resultaat prachtig. Noor schrijft voordat ze weggaat in het boekje dat naast mijn bed ligt: 'Dit is de geboorte van een hoopvolle wens die je met je eigen inzet hebt bereikt.'

Als papa later binnenkomt vertelt Noor hem dat ze mijn nieuwe pronkstukken gezien heeft. Papa is een beetje verbaasd want hij had gisteren al een aantal keer voorgesteld om ze te bekijken, maar toen wilde ik het niet. Bovendien, hij is een man én mijn vader. Als hij ze ontzettend lelijk zou vinden of zich kapot zou schrikken, dan weet ik zeker dat hij me dat nooit verteld zou hebben.

Mijn vader is altijd erg praktisch ingesteld, dus als ik hem vertel dat ik ze ga bekijken vraagt hij meteen of er ergens een spiegel ligt. Ik heb er nog nergens een gezien, dus loopt hij de gang op om een verpleegster te roepen. Na een paar minuten komt hij terug. 'Dit is toch niet te geloven! De afdeling plastische chirurgie heeft niet eens een spiegel!' Dan valt zijn oog op de spiegel die boven de wastafel hangt. Zo'n rechthoekige spiegel die met van die haakjes aan de muur bevestigd is. 'Ja, als ze geen gewone spiegel hebben, dan moet het maar zo,' zegt hij als hij de hele spiegel van de muur haalt. Dit is de eerste keer in een paar dagen tijd dat ik écht moet lachen.

Papa houdt de spiegel vast. Langzaam zie ik hoe Noor het verband lostrekt en dan zijn ze er. Mijn nieuwe borsten. Ze zijn rond en vol. Op de plaats waar mijn tepels zich bevonden, zitten nu stukjes huid die een beetje geel gekleurd zijn. Als een soort lapjes, omrand met paars gekleurde hechtingen, dekken ze de gaten af waar mijn tepels zaten. Het is raar om mijn borsten te zien zonder tepels. Ze lijken er een beetje kaal door, maar ik vind ze eigenlijk best wel mooi. Ik verbaas me vooral over de grootte. Ik was bang dat ze heel klein zouden worden, maar wat ik nu zie lijkt wel groter dan wat ik had. Dat voelt als een meevaller. Iedereen kijkt naar mij, nieuwsgierig naar mijn reactie. Een glimlach breekt door op mijn gezicht en ik voel me opgelucht. Dan durven ook de anderen te lachen.

2.

Mijn moeder was een bijzondere vrouw. Een powerwoman. Op 31 mei 2004 overleed ze op 46-jarige leeftijd aan de gevolgen van uitgezaaide erfelijke borstkanker. Ik mis haar elke dag.

Mijn moeder groeide op in Den Haag en begon na de middelbare school met een studie Frans aan de Universiteit van Leiden. Na een jaar wist ze zeker dat ze lerares wilde worden en daarom stopte ze met haar studie en verhuisde naar Utrecht voor de lerarenopleiding. Daar koos ze zowel voor de richting Frans als voor Nederlands. Mijn moeder sprak perfect Frans en het grootste compliment dat ze ooit kreeg was van een Frans wijnboertje uit de Bourgogne dat haar vroeg uit welk deel van Frankrijk ze kwam.

In Utrecht werd mama lid van studentenvereniging Unitas S.R. Daar was ze heel actief en runde ze onder andere de keuken van de vereniging, waar toen nog elke avond driehonderd studenten kwamen eten. Mijn vader was een jaar eerder lid geworden van dezelfde vereniging en werd in 1978 gevraagd als preses, de voorzitter van het bestuur. Bij het samenstellen van het bestuur wilden ze in ieder geval ook graag een vrouw en zo kwam mijn moeder in beeld. Mijn vader vertelde dat de afspraak binnen het bestuur 'handen af van Els' was, omdat ze de enige vrouw was. Maar al voordat het bestuursjaar begonnen was waren ze een setje en dat is uiteindelijk zo gebleven. In 1982 verhuisden ze samen naar Hillegom, een dorp in de Bollenstreek tussen Haarlem en Leiden. Mijn moeder kreeg daar een baan als lerares Frans. Op 7 oktober 1984 werd ik geboren, ze was toen 26 jaar. Bikkelen moest ze tijdens mijn geboorte, dat heeft ze me vaak verteld. Meer dan 24 uur duurde het voordat ik er eindelijk was. Bijna vijf kilo, met appelwangen en al. Ik kreeg nog twee zusjes, Suzanne in 1986 en Femke in 1989. Mijn vader had vier meiden en schepte daar altijd erg over op. Dat doet hij trouwens nog steeds.

Als mijn moeder ergens binnenkwam was de ruimte meteen gevuld. Ze bruiste altijd van energie, was altijd druk en bezig met honderd dingen tegelijk. Ze hield van haar baan als lerares en maakte ook veel tijd vrij voor ons en voor vriendinnen. De school van mijn moeder lag drie straten verder dan de basisschool waar wij met z'n drieën naar school gingen. De enige school in het dorp waar je kon overblijven. Noodzakelijk voor ons omdat mijn moeder elke dag zelf voor de klas stond. Op donderdag moest ze altijd werken tot drie uur terwijl wij om halfdrie al klaar waren. Op die dag mochten we met z'n drieën naar haar school lopen. Over de stoep en goed uitkijken onderweg. Ik was hooguit een jaar of negen, tien. Mijn jongste zusje was niet ouder dan vier of vijf jaar. Als we op haar school aankwamen en al die grote kinderen zagen voelden we ons stoer, want wij waren zelf komen lopen en waren eigenlijk ook al heel groot. Bij de conciërge mochten we wat lekkers uitzoeken en daar bleven we wachten totdat mama ons kwam halen.

In die tijd smeerden we ook onze eigen boterhammen om mee te nemen voor de lunchpauze, een met vleeswaren en een met zoetigheid. In andere gezinnen was dat voor kinderen van die leeftijd ondenkbaar. Mijn boterhammen lagen dan ook altijd schots en scheef in het trommeltje, terwijl die van mijn vriendinnetjes kaarsrecht lagen. Toch voelde het stoer en groot dat ik mijn eigen boterhammen smeerde. Toen ik een jaar of veertien was, moest ik een avond per week voor het avondeten zorgen. Ik kreeg dan geld van mijn moeder mee en moest ervoor zorgen dat ik binnen dat budget een gezonde en goede maaltijd voor ons vijven maakte. Eerst moest ik zelf naar de winkel om de boodschappen te doen en daarna leerde ze me hoe je de aardappelen schilde en de groente moest koken. Niet omdat ze vond dat dit de taak was van de vrouw in het gezin - mijn vader deed minstens zoveel in het huishouden - maar omdat ze vond dat het belangrijk was om te leren hoe je goed voor jezelf kon zorgen. Het was typerend voor mijn moeder om ons als zelfstandige meisjes en later als zelfstandige vrouwen op te voeden. Of ik nu negen of negentien jaar oud was, altijd leerde ze me om voor mezelf te zorgen. Om op mijn eigen benen te staan, mijn eigen keuzes te maken en verantwoordelijk te zijn voor mijn eigen geluk. Het leven lief te hebben.

Borstkanker was de rode draad door mijn moeders leven. Aan haar kant van de familie heeft de ziekte altijd een heel bepalende rol gespeeld. Mijn oma is er op vijftigjarige leeftijd aan overleden en ook een aantal zussen van mijn oma werden ermee geconfronteerd. In die tijd waren er hooguit vermoedens dat de borstkanker die mijn familie trof erfelijk bepaald moest zijn. Het duurde echter nog tot halverwege de jaren negentig voordat daarvoor het medisch bewijs geleverd werd.

3.

Mijn moeder heeft een groot deel van haar leven in angst geleefd. Ze heeft haar eigen oma nooit gekend en haar moeder overleed vlak nadat ze mij kreeg. Ze voelde altijd dat borstkanker haar als het zwaard van Damocles boven het hoofd hing. Jaarlijks werd ze in het ziekenhuis gecontroleerd, maar daarmee verdween de altijd aanwezige angst om ziek te worden niet. Het moet een van haar drijfveren zijn geweest om ons zo snel mogelijk op te voeden tot zelfstandige vrouwen die in staat zijn om hun eigen boontjes te doppen. Daarnaast wilde ze dat we het leven omarmden, we onze eigen koers bepaalden en alles uit het leven haalden wat erin zit. Ze voorvoelde dat borstkanker op een dag haar pad zou kruisen.

Alle scans tot 1997 van mama's borsten waren goed. Nooit wisten wij wanneer ze een afspraak had in het ziekenhuis, dat werd niet besproken en we waren nog jong. Elke keer opnieuw weer met beide borsten tussen de ijzeren platen van de mammografie. Niet alleen pijnlijk, maar vooral erg stressvol en spannend voor haar. Maar er was niets te zien en dus geen borstkanker. Tot... 1997. Dan blijkt uit het verslag van de scan dat er een afwijkend plekje van ongeveer een centimeter is gezien in haar rechterborst. Maar dat krijgt ze niet te horen. Op dat moment wordt er geen actie ondernomen. De brief van haar behandelend arts aan haar huisarts zegt niets over het plekje. De brief zegt dat de uitslag goed is en dat er geen afwijkingen zijn gevonden. Dus geen extra controle, geen punctie. Helemaal niets. Als mijn moeder zich een jaar later opnieuw meldt voor haar controle wordt in dezelfde borst een tumor geconstateerd van 2,9 centimeter, een mammacarcinoom, zoals dat officieel heet. Het blijkt te gaan om hetzelfde plekje als het jaar daarvoor al was gezien. De diagnose borstkanker wordt alsnog, een jaar te laat, gesteld.

Het blijft tot op de dag van vandaag een groot vraagteken waarom er in 1997 geen actie ondernomen is. Je zou denken dat er bij een vrouw uit zo'n zwaarbelaste familie toch extra alert wordt omgegaan met afwijkingen die te zien zijn op de scan. Toch is er niets gedaan. Op 20 april 1998 wordt mijn moeder opgenomen in het Antoni van Leeuwenhoek Ziekenhuis in Amsterdam voor de amputatie van haar rechterborst.

Ik probeer me vaak voor te stellen hoe ze zich op dat moment gevoeld moet hebben. Wat er door haar heen gegaan moet zijn op het moment dat de arts haar het slechte nieuws vertelde. Misschien was ze wel opgelucht? Eindelijk was het moment daar waar ze al zo lang bang voor was. Nu kon ze de strijd aangaan en de ziekte eens en voor altijd overwinnen. Zou ze het eng gevonden hebben om haar borst weg te laten halen? Zou ze zich druk hebben gemaakt over de vraag of papa haar nog aantrekkelijk zou vinden met één borst, of zou ze alleen maar aan het leven hebben gedacht? Zou ze aan haar eigen moeder hebben gedacht en de angst hebben gevoeld om dood te gaan en ons achter te laten? Ik weet het niet, maar ik zou het haar nu zo graag vragen.

4.

Na haar operatie krijgt mijn moeder te horen dat het om een heel agressieve vorm van kanker gaat en dat ze daarom nog een aantal zware chemokuren krijgt om ervoor te zorgen dat de kanker helemaal vernietigd wordt. Haar haar valt uit en op een dag zit ze in de woonkamer als ik thuiskom uit school. Als ik de woonkamer in loop zit ze met haar rug naar me toe op de bank. Ik zie de achterkant van haar hoofd, dat helemaal kaalgeschoren is. Ze zit rechtop, haar schouders wat opgetrokken. Als ze me binnen hoort komen draait ze zich naar me om en kijkt me aan. Mijn moeder heeft bijna altijd kort haar gehad maar aan een kaal hoofd moet ik even wennen. 'Ja, Nik, ik heb het er zelf maar afgehaald want er vielen allemaal plukken uit en ik heb geen zin om daarop te wachten,' zegt ze en ze aait met haar hand over haar hoofd alsof ze wil voelen of het inderdaad zo is. Ik blijf even staan en kijk haar aan. 'Ik vind het je eigenlijk wel goed staan,' zeg ik en ik loop naar haar toe. Haar hoofdhuid is wit en ik zie allemaal kleine rode bultjes van het scheren. Ik aai ook even met mijn hand over haar hoofd en ze glimlacht. Eigenlijk ben ik er nu al aan gewend en is het helemaal niet gek om haar zo te zien.

Mama heeft wel een pruik maar die heeft ze niet graag op. Als ze buiten loopt heeft ze het gevoel dat-ie elk moment af kan waaien of dat-ie scheefzakt. We lachen ons kapot als de pruik gewassen moet worden en daarna gedroogd wordt in de slacentrifuge. De pruik wordt daarom al snel vervangen door een sjaaltje als ze naar buiten gaat. Thuis draagt ze niets op haar hoofd. Ik vind het stoer van mijn moeder dat ze zich daar niet voor schaamt. 'Mijn leven is me heel wat meer waard dan mijn kapsel,' zegt ze vaak. Ik vind het moeilijk om onder woorden te brengen hoe ik haar daarom bewonder, dus wil ik haar iets geven wat dat uitdrukt. De langwerpige sjaaltjes van Oilily met een kleurrijk motief zijn helemaal hip. Veel van mijn klasgenootjes hebben er eentje en ik wil er natuurlijk ook graag een, maar mijn moeder vindt ze te duur. Omdat ik ze zelf zo mooi vind en haar zo graag iets bijzonders wil geven, besluit ik er een voor haar te kopen. Stad en land loop ik af omdat ik het perfecte motief wil hebben, terwijl ik er eigenlijk helemaal geen geld voor heb. Dan vind ik in een winkel een aantal sjaaltjes die in de aanbieding zijn omdat ze van de vorige collectie zijn! Ik koop een mooie groen met blauwe sjaal voor haar. De mevrouw achter de toonbank pakt hem zorgvuldig voor me in met zo'n vloeipapier ertussen. Ik ben door het dolle heen en ga direct naar huis om hem aan haar te geven. Ze is er heel blij mee en doet 'm gelijk om. Het is lastig om het sjaaltje goed om haar hoofd te krijgen omdat hij langwerpig is en niet heel groot. Ik zie dat het een kunst is om haar hele hoofd ermee te bedekken, maar toch draagt ze 'm bijna elke dag.

Mama gaat er vol voor en trotseert de vreselijke chemokuren, waar ze hondsberoerd van wordt. Vreselijk vind ik dat. Mijn moeder en ik hebben een enorme angst voor alles wat te maken heeft met overgeven en misselijk zijn. Als kleine meisjes waren mijn zusjes en ik al bang dat we over moesten geven en konden we pas slapen als papa of mama ons gerustgesteld had dat dat niet ging gebeuren. Toch gaat mama er tijdens haar chemokuren doorheen, vastberaden om de kanker te overwinnen. Volgens de uitslagen van het weefselonderzoek zijn haar verwijderde lymfeklieren vrij van tumoren. Dat betekent dat er geen uitzaaiingen gevonden zijn en dat haar prognose goed is. Ze denken dat ze er op tijd bij zijn geweest en dat de kanker de das is omgedaan door de amputatie van haar borst en de zware kuren.

Nog geen jaar later besluit mijn moeder om haar overgebleven borst preventief weg te laten halen. Bij haar moeder had ze gezien hoe de borstkanker na de eerste overwinning terugkwam in de andere borst. Dat wil ze niet en daarom wordt ze op 11 mei 1999 opnieuw opgenomen voor zowel de preventieve amputatie van haar linkerborst als het verwijderen van haar eierstokken. Mijn moeder heeft altijd het streven gehad om ouder te worden dan vijftig. Ouder te worden dan haar eigen moeder. Daar gaat ze voor. Zonder borsten en eierstokken.

Er bestaan sterke vermoedens dat in onze familie sprake is van een erfelijke vorm van borstkanker. Dat kan alleen nog niet vastgesteld worden tijdens verschillende onderzoeken in het Leids Universitair Medisch Centrum (LUMC). Begin 2000 wordt met allerlei nieuwe technieken opnieuw een poging gedaan en daarbij wordt inderdaad vastgesteld dat onze familie belast is met de mutatie in het erfelijk borstkankergen, ook wel de BRCA1-genmutatie genoemd. Uit bloedonderzoek blijkt dat ook mijn moeder draagster is van de mutatie. Voor mama is dat een bevestiging van wat ze al zo lang vermoedde.

Tijdens het gesprek over de consequenties van de uitslag worden mijn ouders er door de arts op gewezen dat hun dochters ieder 50 procent kans hebben om die erfelijke genmutatie van hun moeder te erven. Als mijn moeder ons vertelt dat de BRCA-mutatie inderdaad geconstateerd is, zeg ik tegen haar: 'O, ik wil dat wel laten onderzoeken. Ik wil dat wel weten.' Mijn moeder weet me als vijftienjarig meisje aan mijn verstand te brengen dat ik daar nog wel even mee kan wachten, maar vanaf dat moment is de gedachte aan een onderzoek niet meer uit mijn hoofd verdwenen.

5.

Het verbaast dan ook niemand als ik besluit dat ik het genonderzoek wil laten doen en het LUMC bel om daar een afspraak voor te maken. De wachtlijst is enorm. Het is nu april en eind september is de eerstvolgende mogelijkheid. Mijn moeder is nog geen jaar geleden overleden. Ons gezin gaat door een moeilijke periode en iedereen probeert op zijn of haar manier met het verdriet van mama's gemis om te gaan. We hebben zo lang geleefd in de wereld van haar ziekte dat het dat eerste jaar voor ons allemaal heel moeilijk is de draad weer op te pakken.

Toen ik mijn vader en mijn zusjes Suzanne en Femke vertelde over mijn keuze om het genonderzoek te laten doen, vonden ze dat moeilijk. Ze begrepen wel dat die beslissing voor mij heel belangrijk was en steunden die ook, maar ze waren er zelf nog niet klaar voor. Ze vonden het moment waarop ik besloot me te laten testen nog te vroeg. Ik was nog jong genoeg en had alle tijd. Ze vroegen zich af waarom ik niet nog wat langer kon wachten totdat iedereen z'n draai weer een beetje gevonden had. Maar voor mij is wachten geen optie. Net als mijn moeder leef ik in de overtuiging dat borstkanker op een dag mijn weg gaat kruisen. Zeker nadat vastgesteld is dat we een erfelijk belaste familie zijn, weet ik bijna zeker dat ik draagster ben van dit gen. Ook al kan ik dat nergens op baseren. Mijn moeder is dood en ik wil niet dood. Daarom wil ik het nu weten. Dan kan ik nog op tijd maatregelen treffen.

Het is voor Suzanne en Femke moeilijk om mijn beslissing los te zien van de beslissing die zij voor zichzelf moeten maken. Papa staat achter mijn keuze om het onderzoek nu te laten doen, maar maakt zich ook veel zorgen over de impact die het op Suzanne en Femke heeft. We zijn door alles wat er met mama is gebeurd dicht naar elkaar toe gegroeid en voelen ons nauw met elkaar verbonden. Mijn zusjes hebben daarom het gevoel dat mijn beslissing om me te laten testen betekent dat zij zich ook moeten laten onderzoeken. Allemaal wel, of allemaal niet. Maar iedereen moet daarin een eigen beslissing nemen. Ik ben er dag in dag uit mee bezig, dus voor mij is de tijd er nu. Voor hen speelt het vraagstuk nog in veel mindere mate.

Ik heb het gevoel dat ik Suus en Fem meesleur in het onderzoek en vind het zo moeilijk dat dat bij hen zo'n naar gevoel oproept. Maar toch blijf ik bij mijn standpunt. Noor zei een keertje in haar keuken tegen me: 'Het is jouw leven, jouw lichaam en jouw keuze. Doe waar jij je goed bij voelt, dat is ook hoe je moeder je heeft opgevoed. Zelfstandig beslissingen durven te maken, wat iedereen er ook van vindt.' De afspraak blijft staan.

Michiel, mijn vriend, speelt daarin voor mij ook een belangrijke rol. Hij is vijf jaar ouder dan ik en vanaf het moment dat ik hem voor het eerst zag was ik op slag verliefd. Het was tijdens het EK2000. Nederland moest voetballen en mijn moeder had in de plaatselijke sporthal een groot evenement georganiseerd om samen naar de wedstrijd te kijken. Ik was vijftien maar mocht er samen met een vriendinnetje even naartoe. Stoer voelden we ons. Daar kwamen we een aantal mensen tegen die in hetzelfde restaurant in Hillegom werkten als het vriendinnetje met wie ik daar was. Ik keek hem aan en hij glimlachte. 'Wie is dat?' vroeg ik aan mijn vriendinnetje.

'Dat is Michiel,' antwoordde ze. 'Ken je die niet?'

'Nee,' antwoordde ik en daar zou die avond ook geen verandering in komen want ik was doodnerveus, bloosde bij elke blik en durfde geen gesprek met hem te beginnen. Een tijdje later was ik op zoek naar een extra bijbaantje en bij het restaurant waar mijn vriendin werkte zochten ze nog mensen. Mijn moeder kende de eigenaar ook goed, dus ik solliciteerde en werd aangenomen. Op de eerste avond dat ik moest werken kwam ik binnen en keek richting de bar. Daar stond Michiel samen met een andere jongen, hij lachte en keek me aan. Meteen kreeg ik weer dat gevoel in mijn buik, maar nu lachte ik terug. We werkten de hele avond met z'n drieën en ik had een grote mond. Daagde de jongens uit en lachte veel. En ik viel als een blok voor hem die eerste avond. Langzaamaan spraken we elkaar vaker en zochten we elkaar op, ook buiten werktijd. Iedere dag stormde ik zodra ik uit school kwam naar boven, logde in op MSN en nam de computer in beslag. Uren kon ik dan wachten totdat eindelijk het schermpje 'Mitch heeft zich zojuist aangemeld' verscheen, de naam die vrienden hem hadden gegeven.

Op een avond waren we aan het chatten. Het was rond halftien, ik had al gedoucht en had zelfs mijn pyjama al aan. We kletsten over de film *Coyote Ugly*, waar ik helemaal weg van was op dat moment. 'Ik heb 'm hier liggen,' zei hij. 'Ik zou hem gaan kijken met een vriend maar die komt toch niet. Misschien kunnen we hem samen kijken?'

De zenuwen gierden door mijn lijf. Al weken had ik hierop gewacht en nu gaf hij zomaar een voorzet.

'Wanneer? Nu?' vroeg ik hem.

'Ja, waarom niet,' zei hij. Nou, ik wist wel waarom niet. Ik moet zo naar bed, heb mijn pyjama al aan en mijn vader en moeder gaan dit nooit goed vinden.

'Ik ga het even vragen,' zeg ik hem en ik storm de trap af naar beneden. Mijn ouders kijken me verbaasd aan.

'Ik weet dat het eigenlijk misschien niet mag,' begin ik, 'maar dit is echt heel, heel erg belangrijk.' Mijn wangen gloeien en mijn ogen stralen. Ik zie mijn ouders glimlachen. 'Ja, er is dus een jongen, Michiel, en die is heel leuk en die vraagt of ik nu een film kom kijken en dat wil ik echt heel graag. Mag dat alsjeblieft voor deze ene keer?'

Ik zie mijn vader zijn mouw omhoogschuiven en een beetje moeilijk op zijn horloge kijken. 'Nou, Nik, het is al halftien, je bent al in je pyjama. Ik weet niet of dat een goed idee is.' Mijn gezicht betrekt. Mijn moeder kan een lach nauwelijks onderdrukken en dan hoor ik haar zeggen: 'Ach, Henk, laat haar gaan. Voor deze ene keer.' Mijn vader pruttelt nog een beetje tegen maar ik weet dat de deal gesloten is. Ik mag gaan. Als ik me om wil draaien om me aan te kleden roept mijn vader me terug.

'Nicky, hoe ga je daar naartoe? Ik wil niet hebben dat je in je eentje door het donker fietst. En waar kijken jullie die film dan? Toch niet op zijn kamer?' Ik moet lachen en als ik me niet vergis zie ik een glimlach over mijn moeders gezicht trekken.

'Ik vraag wel of hij me komt halen en die film kijken we gewoon bij hem thuis, zijn ouders zijn er ook,' antwoord ik. Ik vlieg naar boven en typ snel 'ik mag komen maar dan moet je me wel komen halen'.

'Dat is goed,' antwoordt hij. Ik kleed me razendsnel om en eenmaal bij hem thuis aangekomen blijkt dat de hele familie naar boven verhuisd is zodat wij veilig beneden in de huiskamer de film kunnen kijken in plaats van op zijn slaapkamer. We zitten naast elkaar op de bank. Hij raakt me niet aan maar de spanning is om te snijden. Als de film afgelopen is brengt hij me naar huis en er is nog steeds niet gekust. Ik word een beetje onzeker en vraag me af of hij misschien geen enkele bijbedoeling had toen hij me uitnodigde. Dan zet hij de auto stil voor het huis van mijn ouders. Onhandig kletsen we nog wat in zijn zwarte Peugeot 205. Hij is vijf jaar ouder dan ik maar het lijkt er niet op dat hij het initiatief gaat nemen. Toch besluit ik dat ik de auto niet uit ga zonder een zoen en zo komt het dat we nog minutenlang praten over niks. Allebei durven we de eerste stap niet te zetten. Maar dan zijn er toch weinig gespreksonderwerpen meer over en buig ik me naar hem toe om hem gedag te zeggen. En dan zomaar, ineens, zoenen we toch. De adrenaline giert door mijn lijf! Met tegenzin stap ik uit en loop mijn huis binnen. Door het dolle heen stuur ik een van mijn beste vriendinnetjes een sms'je: 'we hebben gezoend!!! Hij is zo leuk en kan heel goed zoenen!!' Net te laat zie ik dat het tekstbericht verstuurd wordt naar Michiel en niet naar het betreffende vriendinnetje. Foutje.

Toch zijn we na die avond en een aantal hobbels en twijfels van zijn kant alweer vier jaar samen. Hij heeft de ziekte van mama van heel dichtbij meegemaakt en was altijd superlief voor haar. Waar ik soms een wervelwind kan zijn, is hij heel rustig en bedachtzaam. Ik bewonderde de manier waarop hij met mijn ernstig zieke moeder omging. Soms zorgde hij voor haar als wij even weg moesten, hij was altijd overal bij betrokken, had geduld met haar en was vaak degene die het ijs brak met een grapje op de momenten waarop we het moeilijk hadden. Vanaf het moment dat ik hem vertelde over het genonderzoek stond hij achter me. Op momenten dat iedereen aan me trok en ik een schuldgevoel kreeg door het onderzoek door te zetten, was hij er voor mij. Geen moment heeft hij getwijfeld aan mijn keuze. Als iedereen me in de steek zou laten omdat ik mijn zin doordreef, had ik genoeg aan het gevoel dat hij achter me zou blijven staan.

6.

Op 27 september 2005 loop ik voor de eerste keer het LUMC binnen voor mijn afspraak op de polikliniek Klinische Genetica. Ik ben samen met mijn vader en vind het fijn dat hij bij me is. Mijn vader kent me goed genoeg om te weten dat ik, ondanks alle stof die mijn keuze heeft doen opwaaien, niet meer van gedachten zal veranderen. Ik ben alleen nooit goed geweest in het nemen van beslissingen waar mijn vader het niet mee eens is. Maar hij heeft me de laatste maanden laten zien dat hij achter me staat en mijn beslissing respecteert. Ik weet dat het heel moeilijk voor hem is vandaag, maar dat we desondanks toch samen het ziekenhuis binnenwandelen en ons een weg banen door de doolhof op weg naar de poli, geeft me een rijk gevoel. Ik pak zijn hand, lach naar hem en stuur de lift naar de vijfde etage.

De vrouw die tegenover ons zit is vriendelijk en geduldig. Er ligt een dik dossier met de familienaam van mijn moeder op het bureau. Ik vertel haar over onze familie en over mijn moeder, die een jaar eerder overleden is. Ze slaat het grote dossier open en vist daar een stamboom uit op A3-formaat. Daar zie ik de namen staan van mijn oma, haar zussen, mijn moeder, haar broer, haar zus en haar nichtjes. Overal staat een geboortedatum bij en ook of ze drager zijn of niet. Achter sommige namen staat ook een overlijdensdatum. De vrouwen die overleden zijn aan borstkanker in onze familie hebben een zwart ingekleurd figuurtje bij hun naam staan. Bij degenen die de kanker overwonnen hebben en nog leven is het figuurtje niet ingekleurd. Onder mama's naam zet ze mijn naam en geboortedatum. Ik ben nu officieel onderdeel van de stamboom van onze familie in het LUMC.

Dan kleurt ze het figuurtje bij mijn moeders naam zwart, om te markeren dat ze niet meer leeft, en zet er 31 mei 2004 bij. De tranen springen in mijn ogen en ik zie ook papa wat ongemakkelijk op zijn stoel schuiven. Nietig lijkt mijn moeders naam bijna op dat grote vel met al die namen. Ze is maar een klein onderdeel van de grote stamboom, net als ik. Het vakje bij haar naam zwart inkleuren lijkt een relatief eenvoudige handeling maar zegt tegelijkertijd zoveel. Mijn moeder was geen vakje, was niet een van de velen. Het was gewoon mijn moeder, die zoveel voor ons heeft betekend, die zoveel voor ons heeft gedaan en die zoveel te vroeg overleden is. Het is confronterend om te zien dat haar vakje op dat grote papier nooit meer een andere kleur zal worden dan zwart. Dat ze er echt niet meer is en er ook nooit meer zal zijn.

De dokter legt de procedure uit en staat lang stil bij het feit dat ik pas twintig ben. Normaal gesproken wachten ze met dit soort testen totdat mensen wat ouder zijn en het is vrij ongebruikelijk dat mensen van mijn leeftijd zich bij haar melden voor deze test. De verhoogde kans op borstkanker gaat volgens de statistieken pas een rol spelen vanaf het 25ste levensjaar, dus ik heb nog alle tijd volgens haar. Ze geeft aan dat dit soort testen extreem belastend zijn omdat je de uitslag, als je die eenmaal hebt, niet meer terug kunt draaien. Vanaf dat moment weet je dat je draagster bent of niet en moet je daar voor jezelf een weg in vinden. Als ik zeg dat ik al lang weet wat mijn beslissing zal zijn als ik hoor dat ik draagster ben – namelijk het preventief amputeren van mijn borsten – kijkt ze me met gefronste wenkbrauwen aan. Wat zou er in haar hoofd omgaan? Zou ze denken dat ik niet helemaal spoor? Maar als ik vastberaden blijf, wendt ze zich tot mijn vader.

'Staat u hierachter?' vraagt ze. 'Voor de volle honderd procent,' antwoordt hij. 'Nicky is iemand die weet wat ze wil en ze heeft van dichtbij meegemaakt dat haar moeder is komen te overlijden aan de gevolgen van borstkanker. Ik begrijp, hoewel ik het allemaal wat snel vind gaan, dat ze dit wil en sta helemaal achter haar beslissing.' Held!

Het valt me mee hoe makkelijk het is om het borstkankergen op te sporen in mijn lichaam. Het enige wat ik hoef te doen is twee buisjes bloed af te geven en drie maanden wachten. Dat is gemakkelijk. Het lastigere deel aan het verhaal is dat de dokter de procedure pas wil starten als ik onderzocht ben door een psycholoog, omdat ik nog zo jong ben. Zij moet nagaan of ik daadwerkelijk in staat ben om mijn eigen, zelfstandige keuze te maken en de consequenties van mijn beslissing te overzien en aanvaarden. Dus ga ik vanaf dat moment elke week naar de psycholoog, aan de andere kant van de gang. Het is prettig om met haar te praten over alles wat er is gebeurd en om haar uit te leggen waarom deze test voor mij zo belangrijk is. Ook zij is verbaasd over mijn stellige uitspraak dat ik mijn borsten laat weghalen als blijkt dat ik draagster ben. Tot het moment dat ik bij haar kwam had ik het idee dat dat de meest logische keuze was als je gendraagster bent. En, hoe gek misschien ook, ik ben er tot dat moment altijd van uitgegaan dat alle vrouwen die in mijn positie zitten kiezen voor een preventieve borstamputatie. Het leek me ondenkbaar dat vrouwen de keuze zouden maken om jaarlijks op controle te gaan, wachtend op de dag dat er een tumor in hun borst zou zitten zodat die er alsnog af zou moeten. Toch kiest volgens een onderzoek uit 2008 ongeveer twee derde van de vrouwen die draagster zijn van de mutatie in het BRCA1 gen voor de optie van regelmatige controles. Slechts een op de drie vrouwen laat dus haar borsten preventief weghalen. Inmiddels ben ik me ervan bewust dat iedereen een keuze maakt die past bij die persoon. Er is daarin geen goed of slecht. Maar ik vind het wél belangrijk dat iedereen die keuze weloverwogen kan maken en over beide opties goed voorgelicht wordt.

Ik ben nooit heel blij geweest met mijn borsten. Borstkanker heeft ervoor gezorgd dat ik mijn oma nooit heb gekend en dat ik mijn moeder zo jong heb verloren. Mijn borsten voelen voor mij als twee tijdbommen die elk moment kunnen afgaan. Ze hebben voor mij ook geen erotische lading, ik kan er niks mee en voel er niks bij. Maar dat dat lang niet voor iedereen zo is kan ik ook heel goed begrijpen. Elke vrouw heeft een eigen band met haar borsten en maakt haar eigen beslissing. Als je je hele leven al blij met ze bent, kan ik me voorstellen dat het veel moeilijker is om afscheid van ze te nemen.

De psycholoog ziet na een aantal gesprekken gelukkig in dat ik in staat ben om de consequenties van mijn beslissing te overzien en constateert dat ik een weloverwogen keuze maak. Ze geeft haar zegen aan het genonderzoek. Ik laat het bloed aftappen dat daarvoor nodig is. Twee buisjes. Twee identieke etiketten waarvan ik moet controleren of mijn gegevens kloppen. Ik knik en daar gaan ze. Allebei vinden ze hun eigen weg door het LUMC en komen ieder met een eigen resultaat weer terug op het bureau van mijn dokter. Als het goed is zijn die twee uitslagen hetzelfde en zal ik over drie maanden eindelijk weten waar ik sta. Zomaar, op een doordeweekse dag, heb ik twee buisjes bloed ingeleverd die mijn leven gaan veranderen. Zo gemakkelijk is het.

Als ik het LUMC verlaat en richting het station loop, moet ik aan mijn oma denken. Toen ze ziek was lag ze hier vlakbij in het Academisch Medisch Centrum Leiden, zoals het toen nog heette. Ik moet een beetje lachen als ik denk aan het verhaal dat papa me verteld heeft, hoe ze daar, sigaretjes rokend, in bed heeft gelegen. Dat kon toen allemaal nog. Of niet, maar dan had mijn oma daar geen boodschap aan en deed ze het toch. Het voelt gek om zo dicht bij het gebouw te zijn waar ze is overleden. Op 16 juni 1985 om halfelf 's avonds was dat de plek waar mijn oma de strijd tegen borstkanker moest opgeven. Ik was toen negen maanden oud. Was het in haar tijd maar zo gemakkelijk geweest om twee buisjes bloed af te staan en daarmee te weten hoe groot de kans zou zijn dat borstkanker haar zou treffen. Ze werd erdoor overvallen en had geen schijn van kans.

Dat ik die kans wel heb, voelt op een bepaalde manier als een opluchting maar tegelijkertijd ook een beetje oneerlijk. Ik ben in een goede tijd geboren. Meer dan ooit ben ik overtuigd van mijn keuze. Ik kijk nog een keertje achterom en weet dat ergens mijn oma samen met mijn moeder een sigaretje rookt en dat ze trots op me zijn.

7.

Mijn oma werd op 25 november 1934 geboren in Leiden als Jacoba Anna Pieternella Strijk. Ze had een hekel aan die naam en veranderde die daarom al snel in Kitty. Ze was de oudste van een gezin met vier dochters. Mijn opa en oma ontmoeten elkaar op 20 april 1954. Mijn opa is een jaar ouder, ziet er goed uit en is een echte charmeur. Een jaar later, op tweede kerstdag 1955, vraagt hij haar ten huwelijk. Maar dan wordt de moeder van mijn oma, mijn overgrootmoeder, ziek en ze overlijdt op 15 april 1956. Mijn oma is dan pas 22 jaar oud. Mijn overgrootmoeder is slechts 41 jaar geworden. Ik heb aan veel mensen gevraagd of ze nog weten waaraan ze overleden is. Later blijkt namelijk dat drie van haar vier kinderen, onder wie mijn oma, getroffen worden door borstkanker. Helaas kan niemand het meer met zekerheid zeggen. Misschien was het borstkanker, misschien was het een andere vorm van kanker. Toch is ze extreem jong overleden en laat ze vier jonge kinderen achter. Mijn opa en oma stellen het huwelijk uit en trouwen op 23 januari 1957. Daar is haar moeder dan dus niet meer bij. Gelukkig heeft ze mijn opa wel gekend en wist ze met wie haar oudste dochter zou trouwen.

Mijn moeder wordt geboren op 18 januari 1958. Ze krijgt nog een zusje, Simone, en een broertje, Hans. Mijn moeder groeit op aan de Denneweg in Den Haag. Mijn opa had een platenzaak op nummer 53, waar hij ook televisies en radio's verkocht. Het gezin woonde boven de winkel. Een mooie tijd, als ik alle verhalen moet geloven. Ze waren een bekende familie in de buurt. Mijn opa was altijd druk en nauw betrokken bij de organisatie van allerlei activiteiten zoals de Haagsche Paardendagen, de zomerfeesten en de antiekmarkt op het Lange Voorhout. In 1971 voelt mijn oma een knobbeltje in haar borst dat een kwaadaardige tumor blijkt te zijn. Haar borst wordt afgezet, ze is dan 36 jaar. Mijn moeder is op dat moment dertien jaar, haar zusje Simone elf en haar broertje Hans acht jaar oud. Bij ons zou dat 27 jaar later precies hetzelfde zijn. Op het moment dat mijn moeder borstkanker kreeg in 1998, was ik dertien jaar, Suzanne elf en Femke acht jaar oud.

Ik heb met mijn moeder nooit besproken hoe de ziekte van haar moeder haar leven beïnvloed heeft. Wat voor impact het had op het gezin. Wat ik wél weet is dat mijn moeder altijd ontzettend bang is geweest voor borstkanker, net als ik. Bij mij, en bij mijn moeder, viel de eerste confrontatie met borstkanker gelijk met de pubertijd, het moment dat je zelf borsten krijgt. Al mijn vriendinnetjes konden niet wachten totdat ze borsten kregen en hun eerste bh gingen kopen. Ik niet. Ik hoefde ze niet want ze hadden mijn moeder ziek gemaakt. Ik was bang dat, als ze zouden groeien, ik ook ziek zou worden. Toch vond mijn moeder het een belangrijk moment voor me en ik herinner me nog goed dat we samen mijn eerste bh gingen kopen. We waren op vakantie in Frankrijk en liepen rond in zo'n grote supermarkt. We liepen naar de lingerieafdeling omdat 'ze in Frankrijk altijd zulke leuke setjes hebben', volgens mijn moeder. Enigszins opgelaten schuifelde ik achter haar aan door het gangpad. Ze stopte bij een leuke kleine rode bh met groene en roze appeltjes erop. De bh had zelfs kleine beugels en mijn moeder vond dat ik hem aan moest passen. Ik keek naar mijn borstkas, waar wel twee kleine heuveltjes te zien waren, maar een beugel-bh leek me wat overdreven. Toch liet ik me overhalen. De bh bleek me verrassend goed te passen en zorgde er zelfs voor dat het wat meer leek dan het in werkelijkheid was. Mama was razend enthousiast en de bh werd resoluut in het mandje gelegd. Ik durfde haar niet te zeggen dat ik eigenlijk helemaal geen borsten wilde. Misschien heeft mijn moeder dat in 1971, toen mijn oma ziek werd, op precies dezelfde manier ervaren. Ontwikkelde ze toen dezelfde angst voor de ziekte als ik 27 jaar later zou doen en is dit haar manier om te zeggen dat ik niet bang hoef te zijn, er blij mee mag zijn.

Nadat mijn oma's borst werd afgezet was de kanker weg. Blijkbaar is ze over haar 'nieuwe lichaam' altijd heel open geweest. Mama vertelde me dat na haar eigen operatie. Dat ze gewend was aan de horizontale streep aan de ene kant en een borst aan de andere. Ze had dat altijd gezien bij haar eigen moeder en wist dus op een bepaalde manier wat haar te wachten stond. Mama verborg haar lichaam ook niet voor ons. Ik wende aan hoe ze eruit zag en had er weinig problemen mee. Ik heb oma nooit gekend, maar haar openheid past bij het beeld dat ik van haar heb. Ze moet een bijzondere vrouw zijn geweest, heel warm en soms zo gek als een deur. Altijd in voor een feestje, enthousiast en positief. Ik denk dat wij het samen best goed hadden kunnen vinden.

In januari 1984 voelt mijn oma in haar overgebleven borst opnieuw een knobbeltje. Als dat verder onderzocht wordt, blijkt het opnieuw borstkanker te zijn. Ook haar tweede borst wordt afgezet. Als ze na twee weken thuiskomt, denkt iedereen dat alles weer goed is. Mijn ouders zijn op dat moment anderhalf jaar getrouwd en wonen in Hillegom. Mijn moeder raakt in dezelfde maand van 1984 zwanger van mij en ik word geboren op 7 oktober van dat jaar. Tijdens mijn moeders zwangerschap denkt iedereen dus dat mijn oma weer gezond is na de tweede operatie. Maar niets is minder waar. Vocht achter haar longen blijkt een uitgezaaide tumor van de borstkanker te zijn. Ze krijgt chemotherapie en mijn opa schrijft, in een boekje over zijn leven, over die periode dat het 'leven met hoop en wanhoop' was. Het is bijna onmogelijk om me te verplaatsen in de situatie waarin mijn oma en moeder toen zaten. Oma vechtend voor haar leven, ziekenhuis in, ziekenhuis uit. Mama, gelukkig met haar zwangerschap en het kindje dat eraan komt, en ondertussen de angst dat haar moeder haar kleindochter niet meer zal zien.

Na mijn geboorte in oktober leeft mijn oma nog negen maanden. Als ik naar de foto kijk die van ons drieën is gemaakt vlak na mijn geboorte, dan voelt dat vreemd. Alleen ik ben nog over. Mama lacht intens gelukkig en oma zit op het randje van haar bed met mij, tevreden kijkend, in haar armen. Ze kijkt schuin langs de camera en ik zou willen weten wat ze op dat moment denkt. Zou ze zich afvragen of ze mij ziet opgroeien? Of zou ze al weten dat ze de strijd gaat verliezen en dat dit het enige kleinkind is dat ze ooit vast zal houden?

Mijn overgrootmoeder werd 41 jaar. Mijn oma is 50 jaar geworden. Mijn moeder wilde altijd die magische grens van 50 jaar overschrijden - ze is maar 46 jaar geworden. Al minstens drie generaties lang is het oudste kind van het gezin niet ouder geworden dan 50 jaar, heeft niemand z'n kinderen zien opgroeien en heeft geen van hen echt oma kunnen zijn.

8.

Papa en ik zitten samen in de auto en we zeggen weinig. Eigenlijk zeggen we helemaal niks. Het is vandaag 31 januari en na drie maanden wachten krijg ik straks de uitslag van mijn gentest. Als ik draagster ben is de kans dat ik borstkanker krijg bijna 100 procent. Voor mijn gevoel is er een leven vóór 31 januari 2006 en een leven ná deze dag. De belangrijkste reden waarom ik niet met de test wilde wachten is omdat ik ervan overtuigd ben dat ik draagster ben. Het klinkt misschien gek maar ik voel het gen in me. De afgelopen dagen hebben mensen geprobeerd me dat uit mijn hoofd te praten. Ik kan het nergens op baseren, het is alleen maar een gevoel. Papa weet ook niet zo goed wat hij tegen me moet zeggen. Ik weet dat hij ook denkt dat ik draagster ben, ook al wil hij me doen geloven dat de kans dat we straks goed nieuws krijgen even groot is als de kans op slecht nieuws. Ik weet dat ik niets aan de situatie kan veranderen, maar ik voel me op een bepaalde manier toch schuldig dat ik hem dit aandoe.

Ik haal diep adem als ik de lift uit kom en loop door naar de wachtkamer. We melden ons bij de balie en gaan zitten. Al snel komt de arts met mijn dossier onder haar arm onze kant op lopen. Op het moment dat ze stilstaat en zegt: 'Nicky, loop maar mee. We gaan even naar dit kantoor voor de uitslag', weet ik wat ze me gaat vertellen. We lopen naar het kantoor van mijn psycholoog en waarom zouden we naar háár kantoor moeten als ze me goed nieuws gaat vertellen? Ik kijk naar papa en ik zie dat hij het ook weet. Zonder haar ogen helemaal op te slaan en ons aan te kijken, loopt de dokter voor ons uit de gang in. Papa en ik volgen haar. Papa pakt mijn hand en knijpt erin. Zó fijn dat hij bij me is. Maar ik weet dat we hetzelfde denken. Haar lichaamstaal zegt genoeg.

Het kantoor is klein. Mijn stoel staat voor de deur en het kantoor is met vier mensen vol. Als iedereen zit, slaat ze mijn dossier open en zegt gelijk hoe de zaken ervoor staan: 'Nicky, je bent draagster van de mutatie in het BRCA1-gen.' Er is geen ontsnappen meer aan. Het is uitgesproken. Het ís zo. Ik weet niet goed hoe ik moet reageren. Iedereen kijkt naar me met een bezorgde blik. Ze kijken alsof ze bang zijn dat ik in elkaar stort. Of zouden ze tranen verwachten? Ik voel er wel een paar opwellen, maar dat is niet omdat ik verdrietig ben. Dit is wat ik verwachtte. Een moment van bevestiging. Papa heeft tranen in zijn ogen en hij pakt mijn hand. Hij heeft het ook altijd geweten maar hij hoopte misschien toch dat het niet zo zou zijn. Ik ben verdoofd. Mijn hart gaat tekeer. Ik weet niet welke emotie ik moet voelen. Het gevoel dat ik nu niet meer terug kan. Het staat nu op papier: mijn naam, geboortedatum en een BRCA-1 'positieve' uitslag.

De dokter vertelt nog een aantal dingen over risico's en mogelijkheden maar die gaan volledig langs me heen. Een gevoel van angst en paniek begint me langzaam te overvallen. Ik krijg kanker, dat wil ik niet! Als ze uitgesproken is vraagt ze ons of we nog wat tijd willen met de psycholoog maar papa en ik schudden allebei ons hoofd. Ik ben opgelucht dat hij ook niet langer wil blijven en we stappen het kleine kamertje uit. Het gesprek heeft hoogstens vijf minuten geduurd maar één zin heeft mijn hele leven compleet veranderd. In de gang legt mijn vader zijn arm om mijn schouders en geeft me een kus. 'We kunnen dit aan. We gaan ervoor.' Dezelfde woorden die mijn moeder in de lift sprak nadat ze hoorde dat de kanker in ongeneeslijke vorm bij haar was teruggekomen.

Langzaamaan ebben de schrik en de paniek uit mijn lijf. Mijn vaders woorden hebben een geruststellend effect. Ik voel me altijd veilig bij hem en op dit moment geeft hij mij het gevoel dat ik in staat ben dit te overwinnen. In de lift drukken we op het knopje voor de begane grond en we lopen hand in hand naar de uitgang. Als ik naar de mensen in de gang kijk, vraag ik me af of ze aan me kunnen zien wat voor nieuws we gekregen hebben. Dat mijn leven op z'n kop staat en dat ik geen idee heb hoe ik die buitenwereld weer in moet stappen. Hoe ik dit nieuws moet vertellen aan de mensen die me lief zijn en hoe ik dit een plekje moet geven. Toch komen we door de draaideur vanzelf buiten terecht en we lopen zwijgend naar de auto.

Rijdend op de A4 naar huis gaat papa's telefoon een aantal keer over: 'thuis' staat er op het schermpje. Suus en Fem zitten daar te wachten en begrijpen niet waarom ze nog niks gehoord hebben. Ik heb Michiel ook nog niet gebeld, die zal ook wel zitten te wachten. We besluiten de telefoon niet op te nemen en naar huis te rijden zodat we het nieuws zelf kunnen vertellen. Onderweg zijn we stil en in onze eigen gedachtewereld verzonken.

Als we thuiskomen, zijn Suus en Fem boven. De zenuwen gieren weer door mijn lijf en ik begin al te huilen als ik nog maar halverwege de trap ben. Ik krijg er nog net 'ik heb het' uit en Femke valt me om mijn nek. Suus zit achter de computer en draait zich langzaam om. Ze kijkt alsof ze wil zeggen: 'Tja, wat sta je daar nou te huilen? Jij wilde dit zo graag weten, dan moet je ook de consequenties dragen.' Toch zie ik dat het haar ontzettend raakt en dat ze zoekt naar een manier om hierop te reageren. Ik realiseer me ook dat ze gelijk heeft. Ik wilde het zo graag weten.

De volgende stap is Michiel te bellen. We hebben afgesproken dat ik samen met papa naar het gesprek zou gaan en hem daarna zou bellen. Ik loop met de telefoon naar de slaapkamer en draai zijn nummer.

'Hé, liefie,' hoor ik aan de andere kant van de lijn. 'En?'

Ik begin weer te huilen en hij begrijpt mijn antwoord, dat ik eigenlijk niet meer kan geven. 'Ik kom eraan,' zegt hij en hij verbreekt de verbinding. Op zijn werk legt hij alles neer en binnen twintig minuten is hij bij ons. Hij houdt me stevig vast en dat maakt me weer rustig. Hij geeft me gelijk het gevoel dat we dit samen aankunnen en dat hij ondanks dat stomme gen bij me blijft. Toch is het juist dát wat me onzeker maakt. Nu wéét hij dat ik dat gen heb. Het vooruitzicht van een relatie met mij is dus kanker of een lijf zonder (echte) borsten, en een toekomstige generatie met hetzelfde dilemma. Nu kan hij er nog uit stappen. Nu kan hij nog zeggen dat het te veel voor hem is en dat hij met zo iemand niet verder wil leven. Dat het te gecompliceerd wordt. Ik zou het zelfs kunnen begrijpen als hij dat zou zeggen. Toch ben ik heel blij als hij mij vasthoudt en durf ik hem die vraag op dat moment niet te stellen. Ik weet dat hij er voor me zal zijn. Dat ik op hem kan bouwen en hem kan vertrouwen. Ik ben klaar voor de strijd. Ik kan dit aan, samen met hem, papa, Suus en Fem.

's Avonds komen Noor en Jos een glas wijn drinken. Op dagen als deze zijn zij er altijd. Ze zijn papa en mama's beste vrienden en zijn voor mij erg belangrijk. Jos is ook onze huisarts en was dat ook van mama. Als Noor binnenkomt omhelst ze me met tranen in haar ogen. Mijn mobiel staat de rest van de avond roodgloeiend. Toch neem ik de meeste telefoontjes niet aan en beantwoord ik de berichtjes niet. Het is fijn om even alleen te zijn met mijn familie. En dat ik niet aan allerlei mensen hoef te vertellen dat mijn voorgevoel bewaarheid is geworden. Op de een of andere manier helpt het om het nog niet iedereen te vertellen. Alsof ik het daardoor op afstand kan houden.

In de dagen volgend op de afspraak in het ziekenhuis daalt langzaam het besef neer dat ik écht draagster ben van mama's gen. Enerzijds maakt me dat bang. Ik pak soms mijn borsten vast als ik in bed lig en kan me maar moeilijk voorstellen dat de kans groot is dat zij me ziek gaan maken als ik niks onderneem. Anderzijds komen deze dagen ook de gevoelens van opluchting naar boven. Mijn intuïtie heeft me niet bedrogen. En als was gebleken dat ik geen draagster was, had ik om moeten leren gaan met dat gevoel van onzekerheid over mijn borsten. Dan had ik moeten leren mijn borsten te vertrouwen en diep vanbinnen wilde ik dat helemaal niet. Ik zou ze nooit vertrouwen en met deze uitslag in handen kan ik 'legaal' van ze afkomen. Ik heb nu het bewijs in handen dat ze niet te vertrouwen zijn. Dat ik ze weg kan laten halen en daarmee hopelijk ook de angst voor kanker, die zo diep zit, teniet kan doen.

De komende tijd ga ik afspraken maken in allerlei ziekenhuizen. Je borsten willen laten amputeren is één, maar er moet natuurlijk wel wat nieuws voor in de plaats komen. Ik wil weten wat plastisch chirurgen voor me kunnen doen en wat de mogelijkheden zijn voor een reconstructie. Er is dus werk aan de winkel.

9.

In Nederland wordt jaarlijks bij 13.000 vrouwen de diagnose borstkanker gesteld. Het gaat in 5 tot 10 procent van de gevallen om een erfelijke vorm. Erfelijke borstkanker ontstaat door een mutatie in het BRCA-gen. De letters BRCA zijn een afkorting van het Engelse woord BReastCAncer. Al in 1757 werd voor het eerst gepubliceerd over het vermoeden dat borstkanker erfelijk zou kunnen zijn. Het duurde echter nog tot de doorbraak in 1994 voordat mensen op het erfelijk borstkankergen getest konden worden. Op mijn tiende verjaardag publiceerde professor Yoshio Miki een artikel in het wetenschappelijke tijdschrift Science over het feit dat ze de erfelijke genmutatie die zorgt voor erfelijke borstkanker, konden lokaliseren.

Erfelijke eigenschappen van mensen zijn vastgelegd in het DNA. Je kunt het DNA zien als een heel lange streepjescode met informatie over bijvoorbeeld je bloedgroep en de kleur van je ogen. Het stukje van de streepjescode dat de informatie bevat voor een specifieke eigenschap wordt een gen genoemd, waarvan we er naar schatting ongeveer 20.000 hebben. Elk mens is uniek omdat de informatie van het DNA is opgeslagen in chromosomen waarvan je de ene helft van je vader krijgt en de andere helft van je moeder. Het kan zijn dat in een van de gencodes voor een specifieke eigenschap een fout zit, een mutatie. Dat kan in het geval van een BRCA-genmutatie dus leiden tot een verhoogde kans op borstkanker. Mijn vader droeg de mutatie niet, dus kon die ook met geen mogelijkheid aan mij overdragen. Mijn moeder had echter de mutatie van haar moeder geërfd en de kans dat ze die weer aan mij door zou geven is exact 50 procent. Op het moment dat je gemaakt wordt krijg je de ene helft van je erfelijke informatie van je moeder en de andere helft van je vader. Dat kon in mijn geval en dat van mijn zusjes het 'goede' deel van mijn moeder zijn of het deel met de genmutatie. Het is gek dat in een split second besloten wordt of je de mutatie wel of niet meekrijgt zonder dat je daar iets aan kunt doen.

In onze familie hebben we het talent om veel meisjes te krijgen. Mijn oma kwam uit een gezin van vier meisjes, mijn moeder heeft een zusje (en gelukkig ook een broertje) en ook wij zijn met drie meisjes. Voordat ik me liet testen dacht ik altijd dat we daarmee extra veel pech hadden omdat de mutatie in het gen voor erfelijke borstkanker alleen op meisjes invloed had. Maar niets blijkt minder waar. Ieder kind dat geboren wordt uit ouders waarvan een van de twee drager is van de BRCA-genmutatie, heeft 50 procent kans om die mutatie ook te erven. Ongeacht het feit of het om een meisje of een jongen gaat. Mannen die drager zijn van de BRCA-genmutatie, hebben een iets verhoogd risico op borstkanker en er wordt op dit moment allerlei onderzoek gedaan naar de eventueel verhoogde kans op andere vormen van kanker, met name naar een verhoogd risico op prostaatkanker. Daarnaast kunnen mannen die drager zijn van de mutatie dit ook weer doorgeven aan hun toekomstige kinderen. Ook mannen ontspringen de dans dus niet.

Ik ben draagster van een BRCA1-genmutatie en de kans dat ik voor mijn zeventigste levensjaar borstkanker ontwikkel ligt tussen de 65 en 85 procent. In Nederland krijgt momenteel een op de acht 'normale' vrouwen borstkanker. Dat is dus 12 procent. Ik heb dus 6 à 7 keer meer kans op borstkanker dan vrouwen zonder de erfelijke belasting. Daarnaast heb ik als draagster van het BRCA1-gen ook een verhoogde kans op eierstokkanker. Normaal gesproken is die kans ongeveer 1 procent, nu is dat rond de 40 tot 60 procent.

Er wordt op dit moment veel onderzoek gedaan naar erfelijke borstkanker. Slechts een klein deel van de borstkankergevallen die erfelijk lijken te zijn, kunnen verklaard worden door het BRCA1- en BRCA2-gen. Wellicht dat er in de toekomst ook BRCA3- of BRCA4-mutaties blijken te zijn. Daarnaast wordt er ook extra onderzoek gedaan naar de vraag waarom sommige families met dezelfde BRCA-genmutatie een zwaardere belasting voor kanker hebben dan andere BRCA-families. Het is namelijk gebleken dat in sommige families de kans dat een draagster van het gen daadwerkelijk borstkanker ontwikkelt veel hoger ligt dan het statistische percentage van 65 tot 85 procent. Onze familie is er daar een van. Alle vrouwen aan mijn moeders kant van de familie die draagster zijn van de mutatie in het BRCA1-gen, hebben op relatief jonge leeftijd borstkanker ontwikkeld. Dat percentage ligt dus tot nu toe op 100 procent. Voor mij betekent de uitslag dan ook niet of ik borstkanker krijg, maar wanneer.

10.

Na de uitslag moet ik iets doen. Ik wil afspraken maken in ziekenhuizen en weten wat artsen voor me kunnen doen, welke opties ik heb. Concreet aan de slag gaan geeft me het gevoel dat ik ermee bezig ben, dat ik enige controle heb. Ik heb nog geen idee wat me te wachten staat en het enige referentiekader dat ik heb is de reconstructieoperatie die mijn moeder destijds heeft gehad. Ik wist niet waar ik moest beginnen tot het moment waarop Michiel naar Utrecht kwam. Ik woonde daar en aan de telefoon vertelde hij zelfs dat hij een cadeautje voor me mee zou nemen. Ik hou van verrassingen, en was dus heel erg nieuwsgierig. Toen de bel ging, sprintte ik naar beneden en kuste hem. Nadat we de steile trappen naar mijn zolderkamer waren opgeklommen, gaf hij me het cadeautje. Langzaam zakte ik op de bank en legde het uitgepakte boek op mijn schoot. *Borstbeelden* heet het boek, en het ziet er van de buitenkant prachtig uit. Het boek is aan de zijkant dichtgebonden met een roze lintje. Ik wilde dit boek heel graag hebben om een indruk te krijgen van wat mij, Michiel en mijn lijf te wachten stond. Vrouwen zijn voor dit boek namelijk na hun borstamputatie en/of -reconstructie bloot op de foto gegaan.

Hij schrijft er ook een heel lief kaartje bij.

Het is niet te geloven dat iemand op jouw leeftijd al met de meest oneerlijke tegenslagen geconfronteerd wordt. Ondanks dit blijf je anderen helpen en opbeuren in moeilijke tijden. Ik weet dat ook jij zo iemand nodig hebt. Ik wil die persoon graag voor je zijn. Misschien dat ik je niet overal mee kan helpen maar ik wil dat je weet dat ik er voor je ben als je wilt praten, huilen of even iemand vast wilt houden. Onthoud goed dat ik er voor je ben en voor je zal zijn in de moeilijke tijd die we samen tegemoet gaan. Ik steun je volledig in alle beslissingen die je neemt en in alles wat je doet.

De woorden raken me. Dat hij achter me staat en zulke lieve dingen schrijft is alles wat ik nodig heb met het vooruitzicht van de operatie. Woorden die hij nooit uit zal spreken maar die hij nu heeft opgeschreven om me te beloven dat hij er voor me zal zijn. Langzaam knoop ik het lintje los en sla het boek op een willekeurige pagina open. Twee ongelijke borsten zonder tepel staren me aan. Ik kijk Michiel even aan maar kan zijn reactie niet peilen. Hij moedigt me aan door te bladeren. Van de ene foto schrik ik nog meer dan van de andere. Sommige vrouwen kijken trots in de camera met hun gereconstrueerde borsten. Ik vind ze moedig maar ik vind hun borsten helemaal niet mooi! Ik zie alleen maar littekens, ongelijke vormen en verschillende borsten. Ik voel dat mijn wangen langzaam rood kleuren en ik sla het boek dicht. Ik probeer de paniek onder controle te krijgen en knoop het roze lintje weer dicht. Ik sta op en zet het boek in de boekenkast. Ik kus Michiel. 'Dank je wel, lieverd,' zeg ik, 'ik kijk er later nog wat meer in maar laten we eerst lekker wat eten.' Ik loop naar de keuken en wil het liefst keihard huilen. Ik had dit liever niet willen zien, ik ben er zo van geschrokken. Maar ik vind het moeilijk om te huilen en mijn emoties bij het zien van de foto's met hem te delen. Ik verbijt mijn tranen en bijt op mijn lip. Probeer het gesprek op een ander onderwerp te krijgen zodat we het er niet meer over hoeven te hebben.

In de dagen daarna pak ik het boek toch vaker uit de kast en probeer te wennen aan de foto's. Daarna bel ik naar het Vlietland Ziekenhuis in Schiedam, waar een van de initiatiefneemsters van *Borstbeelden* als arts werkt. Ik leg aan de telefoniste uit dat ik een afspraak met haar wil maken en die wordt ingepland op 16 maart. Eindelijk ga ik iets doen.

11.

Vandaag begint het shoppen. Ik ga voor nieuwe borsten winkelen en die zoektocht starten we in het Vlietland Ziekenhuis in Schiedam. Papa gaat vandaag mee. We hebben afgesproken dat Michiel en hij elkaar afwisselen zodat ik in ieder geval nooit alleen hoef te gaan. Als ik met hem ga zitten op de gekleurde plastic stoeltjes van de wachtkamer valt mijn oog gelijk op een tijdschrift van KWF-kankerbestrijding dat op een tafeltje ligt. De prikborden hangen vol met posters en oproepen voor gespreksgroepen met lotgenoten. Mijn enthousiasme van die ochtend maakt langzaam plaats voor een zenuwachtig gevoel. Dan zie ik boven mijn hoofd een bordje met het woord 'mammapoli' hangen. Ik laat het woord op me inwerken, maar heb geen idee wat het betekent. Het klinkt heel vriendelijk. Alsof het een afdeling is waar kersverse moeders terechtkunnen voor vragen over hun pasgeboren kind. Maar in werkelijkheid is het een polikliniek waar vrouwen en mannen met (een vermoeden van) borstkanker geholpen worden. Dan hoor ik mijn naam. Papa en ik staan tegelijk op en lopen naar binnen.

De dokter stelt zich voor. Ze ziet er heel vriendelijk uit en heeft een warme uitstraling. 'Ga zitten, wat kan ik voor jullie doen?'

Ik steek van wal en vertel haar het verhaal over onze zwaar belaste BRCA-familie, mijn overleden moeder en oma, en mijn eigen gentest. 'Dus eigenlijk wil ik graag van u weten welke opties ik heb, want voor mij staat vast dat ik mijn borsten weg wil laten halen.'

Het is even stil. 'Ja en we willen ook graag weten hoe u tegenover de leeftijd van mijn dochter staat voor een eventuele behandeling,' voegt mijn vader aan mijn verhaal toe op de voor hem zo typische, haast zakelijke toon.

'Juist ja. Jullie verhaal is mij duidelijk,' begint de dokter na een korte stilte. Ze vertelt dat het vrij ongebruikelijk is dat iemand van mijn leeftijd met zo'n verzoek komt. Ze snapt wel dat het komt door mijn achtergrond en dat ik goede redenen heb en ze staat er 'niet onwelwillend' tegenover, maar ze is verre van enthousiast. Ze legt ook uit dat er een uitgebreid psychologisch onderzoek aan een operatie als deze voorafgaat voordat artsen bereid zijn om dit te doen. En ze hebben nog nooit zo'n jong iemand in deze situatie gehad, dus ze geeft aan dat ze dat ook eerst goed moet bespreken.

'En wat betreft je opties en mogelijkheden,' vervolgt ze haar verhaal, 'is het noodzakelijk de operatie te zien in twee delen. Tijdens de eerste operatie worden beide borsten geamputeerd en tijdens de tweede operatie zullen we dan twee nieuwe borsten reconstrueren. Slechts in een klein aantal ziekenhuizen wordt de hele operatie, amputatie en reconstructie, tegelijkertijd uitgevoerd maar wij zijn daarvan geen voorstander.'

Ik vraag haar waarom dat niet zo is. 'Zo'n operatie duurt erg lang en de risico's daarvan zijn onnodig groot,' vervolgt ze. 'Bovendien heeft de operatie in twee delen een groot psychologisch voordeel.'

Ik zie tot nu toe alleen maar nadelen aan twee operaties, dus daar ben ik erg benieuwd naar. Ze legt uit dat tijdens de eerste operatie mijn borsten geamputeerd worden maar dat de huid gespaard blijft. 'Stel je dat als volgt voor,' vertelt ze. 'We verwijderen je tepel en door het gat dat daardoor ontstaat verwijderen we het weefsel dat in je borst zit.'

Ze legt uit dat, als ik na de operatie wakker word, er twee theezakjes overblijven. Lege huid waar geen weefsel meer in zit. Tijdens de tweede operatie zullen die dan opgevuld worden met lichaamseigen weefsel of protheses van siliconen. Op die operatie moet ik wel een aantal maanden wachten omdat alle wonden volledig genezen moeten zijn. Dat betekent dus dat je een periode zonder borsten door het leven moet en juist daarin zit volgens de dokter het voordeel vanuit psychologisch opzicht. Haar ervaring is namelijk dat vrouwen die wakker worden na een lange operatie waarin amputatie en reconstructie in één keer uitgevoerd zijn, minder gelukkig zijn dan vrouwen die een aantal maanden met de theezakjes rondgelopen hebben. Deze laatste groep is namelijk na een aantal maanden zonder borsten geleefd te hebben, veel beter in staat om haar nieuwe borsten te accepteren. Ze redeneert dat als je een aantal maanden 'plat' bent geweest, je nieuwe borsten dus een verbetering zijn. Als je de operatie in gaat met je eigen borsten en wakker wordt met gereconstrueerde borsten, dan is er geen sprake van een verbetering.

Ik ben niet enthousiast. Het duizelt me. Plat? Dat lijkt me niks! Twee theezakjes vullen namelijk geen bh of bikini. In combinatie met haar terughoudendheid en vooruitzicht van twee zware operaties krijg ik het gevoel dat het misschien toch allemaal niet zo gemakkelijk is als ik had gedacht.

12.

'Vind je het goed als ik je borsten even bekijk?' vraagt de dokter.

'Natuurlijk,' zeg ik, 'geen probleem.' Ik trek mijn shirtje en mijn bh uit en ga liggen op de behandeltafel waar ze naar wijst. Langzaam voelt ze aan mijn borsten, ze knijpt zacht, draait rondjes en kijkt ondertussen erg geconcentreerd. Een bepaald plekje in mijn rechterborst masseert ze een paar keer en onderzoekt ze nog eens extra. Ik ben er volledig van overtuigd dat ik me nergens druk om hoef te maken en dat dit slechts routine is. De dokter is klaar en ik ga rechtop zitten. Eigenlijk vind ik zo'n borstonderzoek maar vreemd. Iemand die je niet kent is je borsten aan het masseren en dat voelt in geen enkel opzicht fijn. Ik troost me met de gedachte dat dat vanaf volgend jaar niet meer nodig is. Ze trekt haar handschoenen uit en valt gelijk met de deur in huis. Zonder omwegen zegt ze: 'Ik voel iets. Ik denk niet dat het iets is maar ik wil tóch dat het vandaag nog verder onderzocht wordt. Ik zal een spoedafspraak maken voor een echo.'

O nee, dit moet een grapje zijn. Ik kijk naar papa. Die is zich kapot geschrokken, net als ik. Een aanval van paniek overvalt me, ik begin te zweten en heb geen idee wat ik met mezelf aan moet. De dokter schijnt zich niet te realiseren wat ze met deze woorden heeft aangericht. Ze lijkt zich in het geheel niet bewust van onze angstige blikken en schrijft rustig haar bevindingen op de eerste pagina van mijn gloednieuwe en nog lege dossier. Als verdoofd kleed ik me aan. Ze geeft ons een briefje mee. Om drie uur moeten we ons melden op de röntgenafdeling.

Zwijgend verlaten papa en ik haar kamer en lopen naar de lift. Ik kijk op mijn horloge, nog vier uur te gaan. Hoe komen we die tijd ooit door? We zouden alleen even gaan praten en nu heb ik misschien wel kanker! Er schieten duizenden scenario's door mijn hoofd en van mijn strijdlustige gevoel van die ochtend is nog maar weinig over. Papa probeert me op weg naar de parkeergarage gerust te stellen, maar deze keer missen zijn woorden die uitwerking. Waarschijnlijk omdat hij zich nog meer zorgen maakt dan ik. In de auto besluiten we naar het centrum van Rotterdam te rijden om de tijd te doden. Onderweg bespreken we het gesprek met de arts. Ik vertel hem voorzichtig dat ik die theezakjes niet zie zitten. Daar probeert hij nog tegen in te brengen dat zij arts is, dat haar verhaal best overtuigend klonk en dat zij het wel zal weten. Maar voor mij staat het vast: geen theezakjes! Er moet een andere manier zijn.

We brengen de middag door in de Bijenkorf en we slenteren langs de winkels. Eigenlijk zonder te kijken en allebei erg stil. Ik bel Michiel om hem te vertellen over ons gesprek. Over het naderende onderzoek probeer ik rustig en nuchter te doen. Ik wil hem geruststellen; het is slechts een routineonderzoek. Maar de woorden lijken eerder bedoeld om mezelf gerust te stellen. Mijn lichaam zou me toch niet nu al in de steek laten?

Eindelijk is het tijd om terug te gaan naar Schiedam. We rijden opnieuw de parkeergarage in en melden ons, natuurlijk veel te vroeg, op de röntgenafdeling. Ik realiseer me dat ik niet opgewassen ben tegen dit soort mededelingen en onderzoeken. Dit kost te veel energie. Dit is té eng. Kanker moet heel ver bij mijn lichaam uit de buurt blijven en dit komt veel te dichtbij. In de wachtkamer zien we meer zenuwachtige mensen. Er zit een man naast me wiens vrouw net opgeroepen is. Ze is verdwenen door de smalle hoge deur van de röntgenkamer en hij zit gespannen te wachten op haar terugkomst. Ik heb het warm en koud tegelijk en als de verpleegkundige mijn naam roept sta ik direct naast mijn stoel. Papa knijpt in mijn hand en ik laat hem achter in de wachtkamer, naast de andere man, die nog steeds zit te wachten. Ik kom terecht in een klein kamertje met aan twee kanten een deur. De ene naar de wachtkamer waar ik net vandaan kom en de andere naar de ruimte waar het onderzoek plaats gaat vinden. Ik moet me bedwingen om niet door die eerste deur naar buiten te rennen.

Ik kleed me langzaam uit en leg mijn kleren op de stoel die daarvoor klaarstaat. Ik zweet over mijn hele lichaam. Mijn armen gekruist over mijn bovenlichaam, een borst in elke hand. Alsof ik ze nog even in kan stralen zodat ze me niet in de steek gaan laten. Kom op, jongens, nog even volhouden. Nog even gezond blijven totdat ik een oplossing heb gevonden. Dan gaat de deur naar de behandelkamer open en moet ik naar binnen.

Ik ga op de behandeltafel liggen en ben bang dat ik straks natte plekken van het zweet op het witte papier achterlaat. Een opgewekte vrouw pakt mijn dossier en leest de aantekeningen die de arts vanmorgen heeft gemaakt. Ik probeer haar duidelijk te maken dat ik heel bang en zenuwachtig ben maar ze lijkt daar niet echt verbaasd over te zijn. Waarschijnlijk zijn de meeste vrouwen die er zo bij liggen doodsbang dat deze vrouw iets in of aan hun borsten zal zien. Voor haar is dat de gewoonste zaak van de wereld. Ze doet wat gel op een soort grote pen en zet die op mijn borst. Ze gaat er mee heen en weer en op het beeldscherm zie ik de binnenkant van mijn borsten, maar ik durf nauwelijks te kijken. Bang dat ik ergens een tumor ter grootte van een tennisbal zie. Na een aantal minuten kijken, druk prikkend en duwend, haalt ze het apparaat van mijn borsten af en zegt: 'Niks te zien, niks aan de hand.' Ik wil haar wel om haar nek vliegen en ik spring op, de natte plekken op het witte papier vergetend. Voor het eerst sinds die ochtend kan ik weer ademhalen. Alsof die olifant tegelijk met het röntgenapparaat van mijn borstkas verdwenen is. Ik ben zo opgelucht! Ik verdwijn weer in het kleine kamertje en kleed me aan. Meteen open ik de andere deur en loop zo snel als ik kan naar papa om hem het goede nieuws te vertellen. Hij omhelst me en we lopen naar de lift om dit vreselijke ziekenhuis zo snel mogelijk achter ons te laten. Ik heb het gevoel dat ik deze keer de dans ontsprongen ben, maar ik voel me gewaarschuwd. We verlaten Schiedam en ik weet dat ik hier nooit meer terug zal komen. Geen theezakjes en geen röntgenapparaten meer. Ik heb haast! Ik moet dus verder shoppen. Tijd voor een nieuw ziekenhuis, een nieuwe dokter!

13.

Na de preventieve amputatie van mijn moeders overgebleven borst in 1999 was mijn moeder allebei haar borsten en haar eierstokken kwijt. Ze is altijd mijn grote voorbeeld geweest om uit te dragen dat je zonder borsten of eierstokken niet minder vrouwelijk bent dan iemand die ze nog wel heeft. De twee horizontale strepen over haar borstkas waren voor mij het bewijs dat mijn moeder de strijd had gewonnen tegen de ziekte waar ze haar hele leven bang voor was geweest. In het begin was ze er dan ook heel stellig in dat ze zonder borsten door het leven zou gaan en geen reconstructieoperatie wilde. Ze had wel even genoeg ziekenhuizen gezien en het was goed zo.

Maar na een tijdje veranderde ze van gedachten. Mijn moeder besloot na twee jaar haar genezing toch te bekronen met twee nieuwe borsten. Op 25 september 2001 brachten we haar daarom voor de derde keer naar het Antoni van Leeuwenhoek Ziekenhuis in Amsterdam. Nu niet om de kanker uit haar lichaam te halen of om haar nog gezonde borst af te zetten maar om twee nieuwe borsten te laten maken. Op zich toch een vrolijkere aangelegenheid, maar ik vond het vreselijk om haar daar achter te laten. Ik weet nog goed dat we op de terugweg waren. Niemand zei iets. Ik zat naast papa en de tranen rolden over mijn wangen. Suzanne en Femke hadden op de achterbank hetzelfde. Ik was zo verdrietig omdat ik het zo zielig vond om haar daar in die kamer, opnieuw in dat akelige ziekenhuis, achter te laten.

Hoe mijn moeder zich voelde over haar lichaam en de reden waarom ze uiteindelijk toch koos voor de zware reconstructieoperatie was tussen ons geen gespreksonderwerp. Feitelijk kon mijn moeder altijd heel goed uitleggen wat de procedure zou zijn en wat ze zouden gaan doen. Maar haar gevoel erbij bleef tussen ons onbesproken. Ik was op dat moment zestien jaar en had, hoewel ik er best nieuwsgierig naar was, geen idee hoe ik dat met haar bespreekbaar moest maken. Ik denk wel dat deze operatie voor haar de afsluiting betekende van een periode van ziekte en narigheid. Twee nieuwe borsten zouden het begin markeren van het tweede deel van haar leven. Het deel waarin ze niet meer bang hoefde te zijn voor borstkanker.

De artsen maakten twee nieuwe borsten voor mijn moeder met weefsel uit haar buik. We maakten daar grapjes over. Want wat kon je je nog meer wensen dan een platte buik én twee nieuwe borsten? Dat het niet zo makkelijk was bleek al snel toen we het resultaat mochten bekijken. Ik vond het een beetje tegenvallen. Mijn moeder had altijd een mooie c-cup gehad en deze borsten waren klein. Ook zag je de horizontale littekens nog heel erg goed. De wond op haar buik was enorm. Van de ene kant naar de andere kant liep een enorme streep. Maar mijn moeder was blij. Ze kon weer normale bh's kopen en kon weer diep uitgesneden shirtjes dragen. En dat deed ze dan ook. Trots was ze op haar nieuwe lichaam. Fier rechtop liep ze en ze straalde. Ik was ontzettend blij voor haar.

14.

Na deze laatste operatie leefden we allemaal in de overtuiging dat het boek 'borstkanker' nu echt dicht kon worden geslagen. Mijn moeder had de kanker overwonnen en had zelfs twee nieuwe borsten. Ze bruiste van energie. Klaar voor de rest van haar leven. Maar de onrust dook weer bij haar op toen ze hoorde over een van haar nichtjes, die een aantal jaren na de diagnose borstkanker geconfronteerd werd met uitzaaiingen in haar hoofd waaraan ze uiteindelijk zou komen te overlijden. Mijn moeder meldde zich met die onrust bij haar arts in het Antoni van Leeuwenhoek Ziekenhuis. Ze had veel last van pijn in haar rug en daarom werd er een MRI-scan gemaakt. Er was niets op te zien. Mijn moeder werd gerustgesteld met de conclusie dat het om een 'spanningskwestie' ging.

Op 2 september 2002, als mijn moeder haar nieuwe borsten inmiddels een jaar heeft, zakt ze voor de klas in elkaar. Ze kan niet meer op of neer van de hoofdpijn. Omdat mijn vader in een vergadering zit en niet bereikbaar is, word ik gebeld. Ik wist niet dat ze daar last van had, dus ik schrik enorm en fiets snel naar mama's school om haar op te halen. Ik zet haar achter op de fiets - een rijbewijs had ik nog niet - en breng haar naar de huisartsenpraktijk van Jos. Ons huis wordt verbouwd, dus daar kan ze niet rustig liggen. Vanuit de praktijk gaan we daarom naar het huis van Jos en Noor, waar ze in bed wordt gelegd. Een angstig voorgevoel bekruipt me, het voelt niet goed. Mama wordt zieker en zieker en moet overgeven. De volgende dag stuurt Jos haar naar het ziekenhuis, waar ze direct onderzocht wordt. Dezelfde dag nog wordt de diagnose gesteld: maar liefst negen hersentumoren, twee tumoren in haar longen en een levensverwachting van hooguit zes maanden.

Ik probeer me vaak voor te stellen hoe mijn vader en moeder daar tegenover die arts gezeten moeten hebben. Hoe ze zich voelden, hoe ze reageerden. Mijn moeder stond op dat moment zó vol in het leven, zó trots dat zij borstkanker had overwonnen. Maar nu blijkt dat de kankercellen bijna vijf jaar de tijd hadden gehad om door haar lichaam te woekeren. En nu was het over. Hoe moet je omgaan met de boodschap dat je leven voorbij is? Dat de kanker je eronder heeft gekregen en dat je niet meer beter wordt? Hoe accepteer je dat zelf en hoe vertel je dat aan je drie opgroeiende kinderen?

Later die dag zitten mama, papa, Femke en ik met z'n vieren bij Jos en Noor in de huiskamer. Suzanne is nog op school. Femke en ik zitten naast elkaar op de bank. Papa en mama op de andere bank. Ik voel aan dat het nieuws dat ze ons gaan vertellen niet goed is.

'Mama heeft weer kanker,' zegt papa. 'Ze heeft een tumor in haar hoofd en dat is het gevolg van de borstkanker die ze in 1998 had.' Maar dat het om wel negen tumoren gaat en dat mijn moeder niet meer beter zal worden, wordt niet gezegd. Alsof ik in een film speel, een schijnwerkelijkheid, alsof het over iemand anders gaat en niet over onze familie, die eindelijk alles weer op de rails had.

Mijn moeder is niet in tranen, ze lijkt niet overstuur en praat rustig. Ik zie alleen haar gebalde vuist. 'Ik ga ervoor hoor, meiden, ik ga ertegenaan. We moeten positief blijven. Kom, niet huilen. Het komt goed.' Ik durf dan ook niet de vraag te stellen die door mijn hoofd spookt. 'Ga je dood, mam?'

Na het gesprek met papa en mama stappen Femke, papa en ik in de auto om Suzanne van school te halen. Zij weet immers nog van niets. Ze weet alleen dat mama naar het ziekenhuis moest voor onderzoek en dat ze zich heel ziek voelt. We wachten haar voor school op. Als ze de school uit loopt en ons bij de auto ziet staan begint ze te rennen. Als ze vlak bij ons is begint ze te schreeuwen. 'Mama gaat dood, hè? Ze gaat dood, hè?' Ze klampt zich aan papa vast en begint heel hard te huilen. De andere kinderen die de school uit fietsen kijken ons verbaasd aan maar wij zien niets meer. Voor ons staat de wereld stil. Iedereen huilt en we houden elkaar vast. Daar op straat, op de stoep voor haar school. Ik heb nog steeds geen idee hoe ze op dat moment al wist dat er zoiets ontzettend mis was. Maar ze had gelijk, mama zou doodgaan.

Of ze dood zou gaan aan de hersentumoren heb ik haar die dag nooit durven vragen, en ook later niet. Ik ben wel dezelfde avond op het internet gaan zoeken, onder de zoekterm 'hersentumor'. Als ik de eerste pagina open, lees ik daar een aantal regels: '[...] een hersentumor is in de meeste gevallen dodelijk.' Ik heb het gevoel dat papa en mama ons niet alles verteld hebben. Ik print de pagina uit en leg hem naast mijn bed. Ik lees de zin wel honderd keer, alsof ik het niet kan geloven. Ik wil het niet geloven maar voel dat het zo is. Mijn moeder gaat dood en ik kan er niets aan doen. Paniek overvalt me en het voelt letterlijk alsof mijn keel wordt dichtgeknepen. Ik ga rechtop zitten in mijn bed omdat ik geen adem meer krijg en probeer rustig te worden, wat maar moeilijk lukt. Die nacht slaap ik weinig en lees ik steeds opnieuw de pagina die ik op internet gevonden heb.

Misschien durfde ik mijn moeder wel niet goed te vragen of ze doodging omdat het leek alsof ze het zelf heel anders zag dan ik, alsof het überhaupt geen optie was om dood te gaan. Alsof ze er heilig in geloofde dat ze deze strijd kon winnen. Van papa hoorde ik dat Jos haar in de daaropvolgende dagen meerdere malen vroeg: 'Els, besef je dat je doodgaat? Besef je dat je deze strijd niet kunt winnen?' Maar mijn moeder wilde dat niet accepteren. Tot en met de laatste minuut van haar leven wilde mijn moeder ons ervan overtuigen dat haar lichaam haar niet in de steek zou laten. Dat ze ons niet in de steek zou laten. Dat ze zou overleven.

De dag na de diagnose neemt papa mijn moeder mee naar het strand. Hij realiseert zich dat mijn moeder, met alle behandelingen in het verschiet, er nooit meer zo uit zal zien als die dag. Mama vindt het onzin, ze gaat immers niet dood, maar papa houdt voet bij stuk. Ze gaan naar het strand in Noordwijk en daar maakt een fotograaf prachtige foto's van haar. Ik kan me nog steeds niet voorstellen dat die foto's pas een dag na de diagnose gemaakt zijn. Dat ze na die boodschap nog zo veel levenslust, warmte en kracht uitstraalt is haast niet te bevatten.

Hillegom is een klein dorp en mijn moeder is er geliefd door haar werk op de school en alle activiteiten die ze in het dorp organiseert. Het nieuws dat de kanker terug is verspreidt zich dan ook als een lopend vuurtje. Er komen bergen post met troostende woorden. Als we ons buiten de deur begeven voel ik alle medelijdende blikken op ons gericht en wil ik het liefst weer zo snel mogelijk terug naar huis. Mijn moeder treedt daarentegen de wereld met opgeheven hoofd tegemoet. Bijna alsof ze een griepje onder de leden heeft. Ze probeert de mensen die ze tegenkomt gerust te stellen door te zeggen dat ze zal vechten en dat het allemaal goed zal komen. Aan de ene kant bewonder ik haar en kan ik het begrijpen. Dit is háár manier om overeind te blijven en ik ben trots dat ze positief blijft. Aan de andere kant voel ik ook boosheid. Boos omdat ze ons zo weinig ruimte geeft om verdrietig te zijn, om te huilen, om vragen te stellen.

15.

De laatste keer dat ik het Antoni van Leeuwenhoek Ziekenhuis binnenliep was met mijn moeder. Ze had een afspraak met de internist en papa kon die dag niet mee. Vandaag kom ik er voor mezelf. Ik wil na het Vlietland Ziekenhuis wel eens weten wat ze hier voor me kunnen betekenen.

Shopafspraak nummer twee, ik heb er weer zin in en hoop dat ik vandaag iets anders hoor dan de vorige keer. Heel veel erger kan het ook bijna niet worden, denk ik maar. Ik moet me melden op de polikliniek plastische chirurgie. Ik heb met Suzanne en Femke afgesproken dat ze altijd welkom zijn om een keertje mee te gaan naar het ziekenhuis. Gewoon om eens te horen hoe zoiets gaat. Ik wil ze er ook graag bij betrekken. Femke heeft gevraagd of ze vandaag mee mag naar onze afspraak. We wachten dan ook met z'n drieën in de wachtkamer totdat we aan de beurt zijn. Suzanne is er niet bij en dat snap ik. Het is moeilijk voor haar. Sinds ik de uitslag heb gekregen, heb ik het gevoel dat ze het me op een bepaalde manier kwalijk neemt dat ik het onderzoek heb doorgezet. Dat ik hen opnieuw en zo snel alweer meesleep in de wereld van ziekenhuizen en operaties. Dat doe ik in feite ook en daar voel ik me schuldig over. Toch is haar steun in dit proces heel belangrijk voor me. Als ik haar dan ook op een seminonchalante manier de wachtkamer in zie wandelen verschijnt er een glimlach op mijn gezicht. Ze zegt ons gedag alsof het de normaalste zaak van de wereld is dat ze gekomen is. Een enorme stap voor haar en ik ben zo verschrikkelijk blij dat ze erbij is.

Als we naar binnen gaan kijkt de dokter op van de delegatie die zijn kantoor vult. Papa en ik gaan voor het bureau zitten, Femke en Suzanne zitten op de twee stoelen die langs de muur aan de zijkant staan. De arts kijkt naar zijn aantekeningen, waarschijnlijk een korte weergave van mijn gesprek met de telefoniste, waarin ik heb aangegeven dat ik een afspraak wil voor een dubbelzijdige borstamputatie en reconstructie. Die vraag in combinatie met mijn geboortedatum doet de arts het gesprek openen met de zin: 'Goh, ik denk dat jij hier binnen vijf minuten weer weg bent.' Ik sta perplex. Heeft hij dat nou echt gezegd? Ik zie mijn vader zijn wenkbrauwen optrekken en hoor hem zeggen 'Goh, dan kent u Nicky nog niet.'

Maar wat moet je nog met een arts die een gesprek op die manier opent? Ik wil serieus genomen worden, want ik heb een serieuze beslissing gemaakt. Alsof ik met mijn hele gezin op zou komen draven als ik hier niet goed over had nagedacht. Ik ben op zoek naar een arts die me begrijpt. In wie ik vertrouwen heb. Hij of zij is degene die mijn borsten voor de laatste keer gaat zien en degene die er iets moois van moet maken waar ik de rest van mijn leven mee kan doen. Dat laat je niet doen door iemand die je zo benadert. Zoveel is voor mij wel duidelijk na de eerste tien seconden.

Toch leg ik hem uit waar ik voor kom, wat mijn achtergrond is en waarom ik voor deze operatie gekozen heb. Na een minuut of vijf begint het tot hem door te dringen dat ik bloedserieus ben over mijn verzoek en draait hij bij. Hij geeft, net als de arts in Schiedam, aan dat het hoogst ongebruikelijk is dat iemand van mijn leeftijd met een dergelijk verzoek komt.

'Chirurgen zijn in beginsel niet opgeleid om te snijden in gezond vlees,' zegt hij. Ik trek mijn wenkbrauwen op en leg hem uit dat mijn borsten niet gezond zijn. Er zit nu misschien nog geen kanker in, maar als we niets doen over een aantal jaren wel. Dat noem ik geen 'gezond' vlees. Hij snapt de weg die ik bewandel, maar is net als de arts uit Schiedam verre van enthousiast. Ik vraag hem verder naar de opties die er zijn voor een reconstructieoperatie.

Hij vertelt dat ik kan kiezen voor een reconstructie met een siliconenprothese of lichaamseigen weefsel. In tegenstelling tot het Vlietland Ziekenhuis doen ze hier de amputatie en reconstructie wel in één operatie. De dokter die tegenover me zit heeft gelukkig net als ik weinig geloof in het psychologische voordeel van een aantal maanden zonder borsten rondlopen. Dat is een positief punt. Hij trekt zijn bureaulade open en haalt er drie prothesen uit. Ze zijn een beetje druppelvormig en voelen soepel aan. Eén prothese is doorgesneden zodat je het materiaal aan de binnenkant kunt zien. Het doet me een beetje denken aan een doorgebeten winegum. Dezelfde stevige, maar tegelijkertijd soepele binnenkant. Ik hou ze in mijn hand. Best zwaar nog. Maar dat is natuurlijk logisch. Mijn borst weegt nu ook iets en dat moet wel zo blijven.

Hij legt uit dat je voor een operatie met lichaamseigen weefsel natuurlijk wel genoeg vet moet hebben. Hij vraagt of hij even mag kijken. Normaal gesproken halen ze dat weefsel uit je buik, zoals ze bij mama gedaan hebben, uit je rug of uit je billen. Ik ontbloot mijn bovenlijf en de arts trekt aan mijn vetophopingen die hier en daar te vinden zijn. Ik leef in de veronderstelling dat je daar best twee knappe borsten van kunt maken maar de dokter komt niet verder dan een krappe aa-cup. Het is niet genoeg vet om de dubbele reconstructie van te doen. Hij raadt me de siliconen prothesen dan ook aan, maar daar voel ik nog weinig voor. Waar ik wel enthousiast van word, is de optie om mijn tepels te bewaren. De dokter legt me de theorie van nipple banking uit. Ze verwijderen dan je tepel en plaatsen die tijdelijk in je lies. Daar blijven ze dan rustig zitten totdat de wonden van je gereconstrueerde borst zijn genezen. Daarna wordt de tepel weer terugverhuisd naar je borst en houd je dus toch nog iets van jezelf. Het lijkt me geniaal. Stel je voor dat je lekker naar de sauna gaat met twee tepels in je lies. Hilarisch.

Na een kwartier nemen we afscheid. Dat heeft dus toch langer geduurd dan de vijf minuten die de dokter voorspeld had. We hebben veel nieuwe informatie gekregen maar één ding is zeker: door hem laat ik me niet opereren.

16.

Ik vraag me af of Suzanne zich ooit heeft gerealiseerd hoe belangrijk het voor me was dat ze er op deze dag bij was. Vanaf het moment dat mama ongeneeslijk ziek werd, heb ik me verantwoordelijk gevoeld voor mijn zusjes. Maar eigenlijk voelde ik me dat voordat ze ziek werd ook al. Ik ben de oudste en wilde hen tijdens de ziekte van mama altijd zoveel mogelijk ontzien. Ik probeerde ze gerust te stellen, leuke dingen met ze te doen en ze waar mogelijk op te vrolijken. Iedereen kreeg in de laatste maanden voor mama's dood steeds meer een eigen rol binnen ons gezin. Suzanne en Femke waren veel bij mama. Lakten haar nagels, soms wel drie keer per dag omdat ze er altijd weer aan zat te bijten. Of ze smeerden haar benen lekker in met bodylotion, keken televisie op haar bed. Mijn moeder stond dat toe en vond het fijn dat ze er waren. Ik was er ook, maar op een andere, meer praktische manier; ik deed bijvoorbeeld de boodschappen en maakte het eten klaar. Mama wilde die dingen - logisch natuurlijk - liever zelf doen.

Langzamerhand kreeg dat z'n weerslag op de relatie tussen mama en mij in die laatste maanden van haar leven. Ik had het gevoel dat ze haar frustratie over het feit dat ze haar bed niet meer uit kon, steeds moeilijker kon praten en overal bij geholpen moest worden, vaak in mijn richting uitte. Juist omdat ik een aantal dingen oppakte die ze liever zelf wilde doen. Ik was ontzettend jaloers als ik zag dat ze Femke troostte of Suzanne toestond om haar nagels te lakken. Ze mochten heel dichtbij komen. Ik wilde haar goedkeuring en waardering ook zo graag voor alles wat ik deed, maar kreeg dat naar mijn gevoel in veel mindere mate. Achteraf snap ik dat de manier hoe ze vaak reageerde niet persoonlijk voor mij bedoeld was maar dat het een manier was om haar boosheid en frustratie te uiten. Ze realiseerde zich steeds meer dat ze de strijd ging verliezen en dat ze ons binnenkort moest verlaten.

Misschien was ik ergens soms opgelucht dat ik niet dichtbij mocht komen. Ik ben geen goede huiler. Mijn moeder was dat ook niet. Je zag het wanneer de tranen opwelden maar dan beet ze op haar onderlip, draaide haar hoofd een beetje schuin en probeerde zich te vermannen. Ik doe dat op precies dezelfde manier. Vechten, vechten tegen de tranen. Ik wil altijd sterk zijn, sterk gevonden worden en het tonen van mijn kwetsbaarheid hoort daar waarschijnlijk niet bij. Vooral in het bijzijn van Suzanne en Femke wilde ik altijd sterk zijn en niet mijn verdriet en angst met hen delen. Maar ook met mama deed ik dat niet. Ik wilde niet huilen waar ze bij was omdat dat haar verdrietig zou maken. En zolang ik praktisch bezig kon zijn en dingen kon regelen, kon ik mezelf nuttig maken en hoefde ik niet bang te zijn dat ik moest huilen.

Nu denk ik soms: had ik maar... Had ik haar maar gevraagd naar haar angsten, naar hoe ze zich voelde, naar hoe de borstkanker haar leven veranderd en beïnvloed had, naar hoe ze wilde dat ik daarmee om zou gaan, naar hoe het voelde om haar borsten te verliezen en naar de dromen die ze voor me had. Had ik haar maar verteld hoe gek van verdriet ik soms was door het idee haar te verliezen, dat ze er niet bij zou zijn als ik zou trouwen, dat ze niet zou weten met wie dat zou zijn en dat ze haar kleinkinderen nooit zou kennen. Had ik haar maar stevig geknuffeld en haar verteld dat ik zielsveel van haar hield. Of zij mij...

Een aantal maanden na de dood van mijn moeder vond ik in onze oude computer bij toeval een deel van een brief die ze me schreef. Mijn vader kreeg een nieuwe computer en had mij gevraagd om alle bestanden van de oude af te halen en naar de nieuwe te verplaatsen. Ik zie een document met de naam 'doc1'. Zo slaat Word automatisch bestanden op als je ze geen andere naam geeft. Ik dubbelklik en het bestand opent. Dan lees ik ineens:

Maart 2003

Lieve Nicky,

Ik heb me voorgenomen jullie allemaal een brief te schrijven, die je pas zal lezen als ik er niet meer ben. Dit wordt dus de moeilijkste brief van mijn leven en schrijven was toch al niet mijn beste kant! Ik schrijf hem nu, omdat ik natuurlijk niet weet hoe lang ik nog te gaan heb en nu ben ik nog 'gezond' genoeg om te schrijven wat ik wil, maar dat kan natuurlijk snel veranderen en dan heb ik spijt dat ik het niet gedaan heb.
Wat ik je wil zeggen is ook moeilijk. Als je aan kinderen begint heb je daar toch voor jezelf een toekomstplaatje bij. Wij tenminste wel! Wij vinden dat je je kind zo moet opvoeden dat het een zelfstandig wezen wordt, dat weet wat er in de wereld te koop is en daar bewust mee omgaat. We hebben gefilosofeerd over hoe het er 'later' uit zou zien.
Jij bent op allerlei fronten nu, op je 18e, al geslaagd! Ik heb bewondering voor je hoe je omgaat met je teleurstellingen en daar toch weer oplossingen voor zoekt. Ik weet dat ik je veel verdriet doe met mijn ziekte en nu met mijn overlijden, maar ik ben er zeker van dat je je weg in het leven zal vinden.
Ik vind het hard dat ik dat niet mag meemaken. Ik zal niet weten hoe je nieuwe studie verloopt, zal niet weten met wie je gaat trouwen, of je kinderen krijgt en hoe jij die weer gaat opvoeden. Ik was graag oma geworden, maar dat is mij niet gegund.
Wat ik echt van harte hoop is dat je gelukkig wordt met datgene wat op je pad komt. Ik hoop ook dat ik voor jou een voorbeeld ben geweest hoe om te gaan met een ziekte zoals de mijne. Altijd het positieve blijven zien en nooit opgeven te vechten voor wat je echt wil.

En daar houdt de brief op. Ze heeft 'm niet afgeschreven, maar ik ben heel blij dat ze in ieder geval een poging heeft gedaan om te verwoorden hoe ze zich voelde. Ze wist dus ook, hoewel ze ons en iedereen anders wilde doen geloven, dat ze uiteindelijk niet meer beter zou worden. Ze kon daar alleen op geen enkele manier over praten.

17.

Alle doktoren die ik tot nu toe heb gezien, vertellen hetzelfde over mijn nieuwe borsten. Ze kunnen ze maken van mijn eigen vet of het worden nieuwe siliconen borsten. Ik heb eigenlijk vanaf het begin een beter gevoel gehad bij nieuwe borsten van mijn eigen weefsel dan van siliconen. Niet iedereen begrijpt dat. Da's toch mooi, vinden velen. Je kunt zelf kiezen hoe groot je ze wilt hebben en ze zijn mooi rond en stevig.

'Ik zou er een moord voor doen,' merkt zelfs iemand op. Hm, dat zie ik toch anders. Als ik de geraadpleegde artsen vertel over mijn voorkeur voor eigen weefsel, vertellen ze me allemaal dat ik daar helaas niet genoeg vet voor heb. Toch verwijzen ze me allemaal door naar een arts in het Erasmus Ziekenhuis in Rotterdam. Als ik dat echt zo graag wil, is dat volgens de meeste experts de enige man die me misschien kan helpen.

We volgen de borden naar het Erasmus Ziekenhuis en parkeren de auto. Er wordt verbouwd, dus het duurt even voordat we de goede ingang gevonden hebben. Wat een complex. Zo groot. We melden ons bij de receptie van de poli plastische chirurgie en nemen plaats in de wachtkamer. Ik ben een beetje zenuwachtig. Deze dokter is volgens velen de allesweter en de alleskunner van eigenvetborsten. Dat blijkt trouwens ook wel uit de wachttijd. Ik heb ruim drie maanden moeten wachten op een afspraak bij hem. Als hij me ook niet kan helpen, dan worden het toch twee siliconenborsten. Fingers crossed dus.

Ik stel me een grote kamer voor met een groot eikenhouten bureau.

Daarachter een oudere man met een witte jas en grijzende slapen. Echt een professor, iemand die zich decennialang in dit onderwerp heeft verdiept en mij gaat helpen. Ik ben nerveus. Als ik mijn naam hoor staan papa en ik op en lopen een smal gangetje in. Daar staat een deur op een kiertje en die duwen we verder open. Gelijk rechts van de deur staat een rond tafeltje met daarop een computer. Daarvoor staan twee stoelen. Links van de deur staat een behandeltafel en daarmee is de kamer van hooguit tien vierkante meter vol. Achter de computer zit een jonge man met een donkerblauwe polo van La Martina. Geen grijzende slapen (ik denk dat hij hooguit veertig is), geen witte jas, geen eikenhouten bureau.

Hij stelt zich voor als Stefan en nodigt ons uit om te gaan zitten.

'Wat kan ik voor je betekenen?' vraagt hij. Ik steek van wal en vertel waarom ik een dubbelzijdige amputatie en reconstructie wil. Als ik ben uitgepraat, antwoordt hij: 'Dat snap ik helemaal en dat gaan we doen.'

Kijk! Dat is nou precies wat ik wil horen en ik lach. Opgelucht. Hij is de eerste arts die ik gesproken heb die niet begint met de 'maar' van het verhaal. Die me serieus neemt en niet gelijk begint over mijn leeftijd. Hij vertelt over een nieuwe techniek die hij heeft ontwikkeld, waarbij hij met name jonge vrouwen kan helpen met een reconstructieoperatie van eigen weefsel. Hij haalt het benodigde vet uit mijn bovenbenen en na een kort onderzoekje blijkt dat ik daar voldoende weefsel heb.

Hij kan en wil me helpen maar ik moet wel op de wachtlijst. Zijn inschatting is dat ik tussen de zes en twaalf maanden moet wachten voordat ik geopereerd kan worden. Ik laat me direct op de wachtlijst zetten. Ik ben fan!

18.

16 april 2007

Lieve mam,

Ik mis je al drie jaar. Gek dat de tijd aan de ene kant snel lijkt te gaan maar aan de andere kant juist lang duurt. In de afgelopen drie jaar is er zoveel gebeurd waar jij niet meer bij was maar toch lijkt het de dag van gister dat je doodging. Ik kan me dat nog zo scherp voor de geest halen en dat doe ik vandaag ook constant. Vandaag is het maandag, morgen word ik opgenomen in het ziekenhuis. Ze gaan mijn borsten afzetten. Er is vandaag niemand thuis. Michiel en papa moeten werken, Suzanne en Femke zijn ook druk bezig met hun eigen dingen. Ik loop met mijn ziel onder mijn arm en heb geen idee wat ik moet. Ik wil alleen maar even met jou praten, bij jou zijn. Ik besluit naar het tuincentrum te gaan om daar iets moois voor je te kopen. Ik stap in de auto, jouw auto. Waar we vaak samen mee op pad zijn gegaan. Eerst zat jij altijd achter het stuur en reed ons overal naartoe. Ik kan me nog herinneren dat ik bezig was met mijn rijlessen en je op een keer op weg naar huis gewoon langs de kant van de weg stopte. 'Rij jij maar verder,' zei je. Ik keek je aan alsof je gek geworden was. Ik had mijn rijbewijs nog niet eens! 'Ach, kom op, je kunt toch rijden,' zei je en je stapte in aan de passagierskant. Ik ben naar huis gereden en dat ging inderdaad goed. Ik mocht er alleen niks over zeggen tegen papa. Nadat ik mijn rijbewijs had gehaald ging het met jou steeds slechter en op een bepaald moment zat ik zelf achter het stuur.

Reed je overal naartoe. Je hield tijdens het rijden alles altijd nauwlettend in de gaten. Rolstoel achterin want je kon al niet meer zelf lopen. In gedachten verzonken rijd ik naar het tuincentrum en koop een mooie paarse plant in een pot voor je. Ook al heb ik er niet zo veel verstand van, ik weet zeker dat je hem mooi vindt. Ik rijd naar je graf om de plant bij je neer te zetten. Het is lekker weer en ik besluit even op het randje bij je te komen zitten. Ik vraag je hoe jij je voelde toen je borst werd afgezet? Was je bang, zoals ik nu? Was je zenuwachtig? Of voelde je alleen maar opluchting? Zag je op tegen de pijn die je te wachten stond? En misschien nog wel meer tegen de nieuwe vorm van je lichaam? Ben je ooit bang geweest dat papa je niet meer mooi zou vinden zonder borsten? Ik vraag het je keer op keer maar er komt geen antwoord. Ik kijk naar links en zie het graf van oma, jouw moeder. 'Je zal altijd ons voorbeeld blijven' staat erop. Ik denk aan jou en besef dat zij dat voorbeeld voor jou was, maar dat jij dat voor mij was en nog steeds bent. Jij bent mijn voorbeeld, mam, daarom moet ik me morgen op laten nemen in Rotterdam. Van jou heb ik geleerd te vechten en voor het leven te kiezen. Ik moet een beetje lachen omdat ik me voorstel hoe jij van boven op me neerkijkt. Snikkend op het randje van je graf. Daar ben je het vast niet mee eens. Te dramatisch, zou je zeggen. Droog die tranen maar. Doe maar even gewoon. In gedachten hoor ik je zeggen: 'Zet hem op, meisje, ga ervoor morgen en houd je rug recht. Ze krijgen je niet klein en niet vergeten: ik ben heus wel bij je en ben trots op je.' Ik sta op en droog mijn tranen. Je hebt gelijk, daarom kwam ik ook even hier. Om opnieuw in te zien dat ik hiermee door moet gaan, dat het de juiste keuze is. Nergens is dat gevoel sterker dan hier bij jou. Ik geef je een kus en hoop dat je die op je wang voelt. Dank je wel, lieve mam. Ik ga ervoor morgen. Ik heb het leven lief. En zoals Georges Mustaki zingt: 'Je ne suis jamais seule, avec ma solitude.'

19.

Vandaag moet ik me om halftwee melden op afdeling 7 Midden van het Erasmus Ziekenhuis, de verpleegafdeling van de plastische chirurgie. Als mijn wekker gaat en ik me langzaam afvraag wat er vandaag ook alweer gaat gebeuren, voel ik dat Michiel me stevig vasthoudt en nog slaapt. Meestal val ik zo wel in slaap, in zijn armen en dicht tegen hem aan, maar als ik wakker word lig ik altijd weer helemaal anders. Vanmorgen niet. Wie kent niet dat nare voorgevoel als je wakker wordt en je afvraagt wat er deze dag ook alweer gaat gebeuren?

Als ik naast het bed kijk zie ik mijn tas staan. Mijn roze tas met mijn badjas, felgekleurde onderbroekjes en sport-bh's. Vandaag moet ik naar het ziekenhuis, vandaag word ik opgenomen voor de operatie. Naar deze dag heb ik zo lang toe geleefd maar nu hij aangebroken is zou ik me het liefst om willen draaien en deze dag overslaan. Ik kruip nog even tegen Michiel aan, die inmiddels zijn ogen open heeft gedaan. Hij realiseert zich ook wat er vandaag gaat gebeuren. Hij pakt me stevig vast en geeft me een kus op mijn haar. De tranen stromen nu al over mijn wangen en ik voel me ineens niet zo heel erg stoer meer.

Vannacht was bijzonder. Michiel en ik bleven allebei bij papa slapen, dan zou het gemakkelijker zijn om de volgende dag met elkaar naar het ziekenhuis te gaan. Toen we in bed lagen en het licht uit was pakte ik mijn borsten vast en kon me niet voorstellen dat dit onze laatste nacht samen zou zijn. Eindelijk durf ik te vragen waar ik al maanden mee rondloop.

'Denk je dat je me nog mooi vindt na de operatie?' Na een paar seconden antwoordt Michiel: 'Ik weet het niet, lieverd, ik kan me er zo weinig bij voorstellen.' Ik schrik van zijn antwoord maar aan de andere kant denk ik er hetzelfde over als hij. Ik weet ook niet hoe mijn lichaam er straks uit zal zien en of ik mezelf dan ooit nog mooi kan vinden. Het lijkt wel alsof we ons nu pas, nog geen 24 uur van tevoren, realiseren wat ons te wachten staat. Dat we allebei geen idee hebben wat er op ons afkomt en wat de consequenties zullen zijn. De afgelopen maanden heb ik me goed voorbereid, dacht ik. Aan iedereen heb ik verteld dat dit de juiste keuze voor mij is en het enige wat goed voelt. Maar iets zeggen is één, het op een bepaald moment echt gaan doen is twee. Ik voel hoe Michiel zijn handen op mijn borsten legt en ik raak ineens zo vreselijk in paniek. Verstikt door mijn tranen bedenk ik dat dit de laatste uren zijn die ik met mijn borsten heb. Die we samen met mijn borsten hebben. Ooit. Voor altijd.

20.

Als ik me eenmaal uit bed gesleept heb en beneden ben voel ik me misselijk. Ik zie Michiel in de keuken een broodje eten en papa geeft de planten water. Waarom juist de planten deze ochtend water nodig hebben weet ik niet, maar waarschijnlijk heeft hij ook geen idee wat hij met deze dag aan moet. Als ik naar beneden kom ziet hij aan me dat ik mijn sterke houding boven achtergelaten heb. Ik loop naar hem toe en moet alweer huilen. Al die tranen zijn niets voor mij, maar ik kan er niet tegen vechten.

'Het komt wel goed, lieve Nik, wij blijven bij je vandaag,' zegt hij. Ik krijg die ochtend geen hap door mijn keel en met een kopje thee voor me kijk ik stil voor me uit. Het afschuwelijke gevoel dat door mijn hele lichaam lijkt te stromen wordt maar niet minder. Over 24 uur lig ik al op de operatietafel.

'Zullen we maar gaan?' vraagt mijn vader. Ik kijk op mijn horloge, het is nog niet eens elf uur. Ineens moet ik een beetje lachen, mijn vader is in zijn hele leven nog nooit op tijd vertrokken, laat staan ergens op tijd geweest. Maar ik weet ook dat het deze dag anders is. Iedereen is zo zenuwachtig en de tijd lijkt niet vooruit te gaan. Zwakjes probeer ik het uit te stellen en zeg: 'Nu al?' Waarschijnlijk had hij die reactie voorzien, want snel antwoordt hij: 'Ja, want er staan vast files, we moeten nog een parkeerplaats zoeken, je laten inschrijven en we moeten om halftwee al op de afdeling zijn.'

Ik geef me gewonnen en sta op van mijn kruk. 'Heb je alles?' vraagt Michiel. Wat kan ik nodig hebben? Ik heb speciale onderbroekjes gekocht in heel felle kleuren, roze en rood met stippen. Ik moet toch een beetje de blits maken. Ook zit er een knalroze geruite pyjamabroek in mijn roze tas. Ik heb er alles aan gedaan om de outfit straks zo vrolijk mogelijk te maken. Papa draagt mijn tas en we lopen naar de auto. Ik zit achterin en kijk de hele weg naar Rotterdam uit het raampje. Niemand zegt iets en we zijn in onze eigen gedachten verzonken. Natuurlijk staat er geen file en rijden we rond kwart voor twaalf Rotterdam al binnen. Papa stelt voor om nog even het centrum in te lopen om een kopje koffie te drinken. Ik vind het allemaal prima, maar ik heb niet het gevoel dat ik heel lang op mijn benen kan staan. Mijn hele lijf trilt inmiddels en ik ben verschrikkelijk zenuwachtig.

Misselijkheid is niets voor mij. Al van kleins af aan ben ik bang om over te geven. Vroeger was dat ook altijd een issue. Mijn moeder moest mijn zusje en mij elke avond wel tien keer vertellen dat we niet misselijk waren, dat we gewoon konden gaan slapen en dat we niet hoefden over te geven. Die angst is nooit meer weggegaan. Sterker nog, die is de afgelopen jaren alleen maar erger geworden. Bij alle artsen die ik in het ziekenhuis heb gezien, heb ik dat aangegeven. Ze gaan allemaal hun best doen om dat te voorkomen maar ze 'kunnen niets beloven natuurlijk'.

Als papa de auto geparkeerd heeft in de parkeergarage en ik uit moet stappen ben ik bang dat ik moet spugen, zo beroerd voel ik me.

'Rustig ademen, door je neus in en door je mond uit,' helpt Michiel me. Hij pakt mijn arm en helpt me uit de auto. Daar sta ik dan, in Rotterdam. Uit deze afschuwelijke stad ga ik de komende week niet meer weg. Papa pakt mijn andere arm en tussen hen in loop ik naar de uitgang van de garage. Buitenlucht doet me goed, maar toch wil ik niet dat ze me loslaten.

'Zullen we even naar de Bijenkorf lopen?' oppert papa. Michiel en ik vinden het prima. De Bijenkorf is ideaal voor zo'n moment. Groot, druk, je valt niet op en er is van alles te zien. Genoeg om in ieder geval een uur de tijd te doden. Papa wil naar de afdeling met het speelgoed. Daar zie ik ook meubels staan en ik plof neer op een bank. Eindelijk, ik zit. Na een aantal minuten realiseer ik me dat het eigenlijk vreemd is om zomaar op een bank in de Bijenkorf te gaan zitten alsof je in een woonkamer zit. Toch voelt het heerlijk en ik kijk om me heen of ik Michiel of papa zie. Dan komt mijn vader aangelopen met een enorme knuffelbeer in zijn rechterhand.

'Voor jou, Nik,' en hij geeft me de beer. Hij is heerlijk zacht en ik hou hem dicht bij me. 'Wij moeten straks weer weg maar deze beer blijft. Ga je mee?' Hij pakt me bij mijn hand en trekt me overeind uit de bank. Dat moet een vreemd gezicht zijn voor mensen die hier aan het winkelen zijn, realiseer ik me. Een (redelijk) volwassen vrouw, lijkbleek voor zich uit starend op een bank midden in de Bijenkorf, en een volwassen man die haar een teddybeer komt brengen waar ze nog blij mee is ook! We nemen de roltrap naar beneden en lopen terug naar de auto. Ik opnieuw tussen mijn vader en Michiel in met nu ook nog in mijn hand een grote knuffelbeer. Ik ben nog steeds misselijk maar ben ongelofelijk blij dat ze bij me zijn. Zolang zij bij me zijn kan me niks gebeuren. Dat gevoel heb ik altijd gehad en dat is er nog steeds. We starten de auto en zetten koers naar het Erasmus.

21.

Ik moet me inschrijven bij het opnamebureau. Het is op twee dagen na exact negen jaar geleden dat mijn moeder zich in het ziekenhuis inschreef voor haar borstamputatie. Ik mis haar vandaag misschien wel meer dan ooit. Als we de lift uit stappen, vertelt een felgeel bordje ons dat we voor plastische chirurgie naar rechts moeten. We lopen de gang door en daar zijn de klapdeuren. Ik probeer door de deuren heen te kijken. Ik vang een glimp op van de gang en dat zorgt er niet voor dat ik me beter voel. Papa loopt voor me uit de gang in. Als ik door de klapdeuren loop wellen de tranen als een orkaan op. Ik word erdoor overvallen en kan ze niet meer tegenhouden. Het ziet er hier vreselijk uit en het stinkt naar ziekenhuis en muffigheid. De muren hebben een schraal gelige kleur en alles ziet er oud uit. De deuren naar de kamers zitten allemaal dicht en ik wil naar buiten rennen!

Mijn vader draait zich om en ziet dat ik aan het begin van de gang stil ben blijven staan. Hij komt naar me toe gelopen en houdt me vast. 'Hoe kunnen ze een afdeling er nou zo uit laten zien? Daar wordt toch nog niemand blijer van?' snik ik in zijn mouw. We lopen door naar de zusterspost. Een vriendelijke verpleegkundige knikt.

'Ik moest me hier om halftwee melden,' zeg ik. 'Ik word morgen geopereerd.' Ze vraagt mijn naam en checkt haar lijst. 'De vrouw met wie je op de kamer komt te liggen slaapt op dit moment. Misschien is het handiger dat jullie beneden even een kopje thee gaan drinken en dan straks hier terugkomen. Dan is ze vast wel wakker.' Schaapachtig knik ik en vraag me ondertussen af hoeveel thee ik nog moet drinken vandaag. Als we een stukje terug de gang in zijn gelopen stoot ik mijn vader aan.

'Pap, ze hadden toch beloofd dat ik een kamer voor mij alleen zou krijgen? Hoe kan het dan dat er nog iemand ligt?'

'Ja, dat is waar ja, dat hebben ze beloofd. Wacht maar even.' Papa loopt terug naar de verpleegkundige en legt haar uit dat mij beloofd was dat ik, gezien de zware operatie, alleen op een kamer mocht liggen. Ik moet een beetje lachen. Niets dan het beste voor zijn dochters, zeker in zo'n eng en groot ziekenhuis. 'Geregeld, ze had zich vergist.' We draaien ons weer om en lopen de verpleegkundige achterna naar de kamer die de komende dagen van mij zal zijn. Het is een kleine kamer. Tegen het raam staat een bed, strak opgemaakt. Daarnaast staat een opgeklapt tafeltje. De prikborden zijn nog leeg. De verpleegkundige wijst me de kast waar ik mijn kleding op kan bergen. 'Pak eerst maar even rustig je tas uit en dan spreken we straks alles even door.' Ze sluit de deur en ik ga op mijn bed zitten. Papa loopt mopperend door de kamer. 'Wat een zooi hier, wat een oude troep. Je laat iemand toch niet in zo'n kamer liggen? Moet je dat raam nou zien! Het kan niet eens open. Belachelijk.' Michiel en ik kijken elkaar aan en glimlachen. Weinig was op dat moment denk ik wel goed genoeg geweest voor hem.

Ik vind het fijn om eerst mijn tas uit te pakken. De nieuwe onderbroekjes netjes op een stapel, badjas aan het haakje, nachtkastje inruimen en mijn nieuwe sloffen naast het bed. Het liefst zou ik vast mijn pyjama aantrekken en dat bed in kruipen. Maar ja, het is pas kwart voor twee. Ongelofelijk, hoe langzaam de tijd op dit soort dagen kan gaan. Papa hangt de kaarten die ik al gekregen heb op het prikbord. Lieve wensen van lieve mensen die me een hart onder de riem willen steken.

'Ik ga straks eerst wat planten kopen om het hier wat gezelliger te maken,' sputtert mijn vader nog wat na. Michiel ruimt achter mij aan alles op. Dat doet hij altijd. Hij is zoveel netter dan ik en kan zoveel beter opruimen. Na een kwartiertje zijn we klaar en ziet het er al stukken beter uit. Ik ga weer op het bed zitten. Nu we in het ziekenhuis zijn en ik mijn eigen plekje heb trekt de misselijkheid eindelijk een beetje weg. Ik heb mezelf ervan kunnen overtuigen dat ik op de goede plek ben. Nu ik op mijn kamer zit kan ik niet meer terug en hoe vreemd dat ook klinkt, het geeft me een rustig gevoel.

Als de verpleegkundige weer binnenkomt heeft ze een bordje bij zich waar allerlei papieren onder geklemd zijn. Ik moet alle formulieren invullen en alle vragen beantwoorden.

'Wie is de contactpersoon in het geval van nood?' vraagt ze.

'Ja, dat ben ik,' zegt mijn vader. 'Als er iets is kunt u mij dag en nacht bereiken. Ik ben er morgen ook de hele dag, ik ga nergens naartoe.' Ook de verpleegkundige heeft inmiddels wel door dat ze moeilijk om mijn vader heen kan en ze glimlacht me bemoedigend toe. Als ze alles heeft ingevuld en vooral mijn angst voor misselijkheid onder mijn toeziend oog dik heeft onderstreept, vertrekt ze weer met de mededeling dat de dokter straks nog wel langskomt om alles af te tekenen.

Daar zitten we weer, als ze de deur achter zich sluit. De tijd gaat nog steeds erg langzaam en we weten inmiddels ook niet zo heel veel meer tegen elkaar te zeggen. Gelukkig laat de dokter niet lang op zich wachten.

22.

Er wordt zacht geklopt en in de deuropening verschijnen twee artsen in witte jassen. De een is bekend, dat is mijn dokter van de La Martina-polo. De ander heb ik nog nooit gezien, maar mijn dokter stelt hem voor als zijn Duitse collega die komt leren hoe ze in Nederland deze operaties doen.

'Hoe gaat het me je?' vraagt hij me.

'Ja, het gaat wel goed,' antwoord ik. 'Ik geloof dat ik er wel klaar voor ben, maar ik ben wel heel erg nerveus.'

'Dat is logisch,' zegt hij. 'Je krijgt voor vanavond en morgenochtend ook een pilletje om lekker rustig te worden, dus maak je daar maar geen zorgen om. Het is ook niet niks natuurlijk. Wil je even naast het bed komen staan? En al je kleren uitdoen?'

Ik doe wat hij zegt en sta een paar seconden later in mijn blij gestipte onderbroekje naast mijn bed. Hij pakt een stift uit de binnenkant van zijn witte jas en begint in het Duits tegen zijn collega te praten. Hij tekent strepen over mijn borsten. Pakt het vet van mijn benen vast en zet overal lijnen en kleurt vlakken in. 'Zo, dan halen we dit hieruit en dan maken we hier een incisie...' Het is mij volstrekt onduidelijk maar ik laat hem zijn gang gaan. Ik twijfel of ik hem zal vragen naar mijn moedervlek. Ik besluit het te doen.

'Ik heb hier op mijn rechterborst een moedervlek. Is het mogelijk om die te laten zitten?' Hij pakt zijn stift en zet een grote cirkel om mijn moedervlek. Naast de cirkel schrijft hij de tekst 'laten zitten'. Zo gemakkelijk is het dus. Als hij klaar is ben ik een abstract kunstwerk van kleuren, lijnen en vlakken en mag ik mijn kleren weer aantrekken.

Hij legt in het kort nog even uit wat er morgen gaat gebeuren. De chirurg, die later deze dag nog even langskomt, zal de operatie beginnen met de amputatie van mijn borsten. Daarna neemt hij het verder over. Hij start met het weefsel te verwijderen uit mijn bovenbenen. Hij haalt uit beide benen een lap weg in de vorm van een oog. Beide punten brengt hij naar elkaar en dat is mijn nieuwe borst. Met microscopen zullen ze de bloedvaten aansluiten en dan gaan ze even lunchen. Lunchen?! Ja, ze moeten tenslotte ook eten. Dat betekent dus dat zij lekker een broodje eten terwijl ik helemaal opengesneden op die tafel blijf liggen. Wat een vooruitzicht... Na de lunch bekijken ze hoe de doorbloeding is van het nieuwe weefsel en dan maken ze het af. Het klinkt allemaal zo simpel. Toch denkt de dokter dat het alles bij elkaar zo'n acht uur zal duren.

Dan geeft hij iedereen een hand. Zijn Duitse collega volgt. 'Nou, tot ziens,' zegt hij. 'Sterkte deze dag nog even en we zien elkaar morgenochtend in de operatiekamer. Ik beloof dat ik mijn uiterste best ga doen om er iets moois van te maken,' belooft hij, en hij verlaat de kamer. Dat is het dan. We blijven opnieuw met z'n drieën achter. Zo gek. Nu gaat hij weer naar een andere patiënt, hij doet zijn werk, gaat vanavond naar huis om te eten en te slapen en gaat morgen mijn borsten eraf halen. Voor mij verandert het mijn leven, voor hem is het zijn werk. Papa en Michiel zijn stil. Het gaat echt gebeuren. Nu ben ik afgetekend, klaar voor morgen. Er komt niets meer tussen. We kijken elkaar aan.

'Kopje thee dan maar weer?' stel ik voor om het ijs te breken en we gaan weer naar beneden. In de gang komt de verpleegkundige ons achterna. 'De chirurg komt straks ook nog even kennismaken en om halfzes komt het avondeten. Zal ik je bellen als de dokter er is?' Al om halfzes eten? Ik moet er niet aan denken! 'Ja, graag, dat zou fijn zijn,' antwoord ik en we vertrekken naar het sfeervolle ziekenhuisrestaurant.

Aan het begin van de avond komen ook Suus en Fem naar het ziekenhuis. Als ze aankomen is de chirurg net weg. We zitten dus op mijn 'gezellige' kamer als ze hun hoofd om de hoek steken. Ik zie ze de kamer rondkijken en hetzelfde denken als wij: wát een troep. Ik zie aan ze dat ze een beetje nerveus zijn maar dat niet willen laten blijken.

'Wat een klerezooi hier,' zegt Suus en ze geeft me een zoen op mijn wang. Ze hebben bloemen en planten meegenomen om de kamer wat op te vrolijken. Waarschijnlijk heeft papa ze gebeld en instructies gegeven. We bekijken de constructie van het raam in mijn kamer. Twee ramen van enkel glas met een opening ertussen. We proberen het eerste raam open te schuiven om de plant ertussen te zetten. Alles kraakt en het lijkt alsof we het raam uit de sponning trekken. Femke zet ondertussen de bloemen in het water. Als we maar bezig blijven, denk ik bij mezelf, dan vergeten we vanzelf even waarom we hier ook alweer zijn.

Na het kopje thee beneden - het begint al een ritueel te worden - breekt het moment aan waarop ze moeten vertrekken. Ik heb heel erg tegen dit moment opgezien. De tranen, die de afgelopen uren even weg waren, komen met dezelfde vaart weer naar boven. Papa is er morgenochtend om kwart over zeven weer, maar Michiel, Suus en Fem zal ik pas weer zien na de operatie. Ik zeg eerst mijn zusjes gedag. Een dikke knuffel en dikke zoen.

'Zet 'm op Nik,' zegt Suus en de tranen stromen nu ook over haar wangen.

'Ik wil niet gaan, ik wil vannacht bij Nik blijven,' zegt Fem en papa houdt haar vast.

'Dat gaat niet, lieverd, maar Nik redt het wel, zeg haar maar gedag.'

Ik probeer me sterk te houden en pak haar stevig vast. 'Het komt wel goed, lief, maak je om mij niet druk. We zien elkaar gewoon morgen weer en dan is het allemaal voorbij,' fluister ik in haar oor. Vreemd dat ik me zelfs op die momenten realiseer dat ik de oudste ben. Ik wil ze beschermen, geruststellen en ik vertel ze nogmaals dat ze zich niet druk moeten maken. Maar ondertussen klap ik bijna uit elkaar en wil ik dat ze de hele nacht bij me blijven en me vasthouden. Maar dat gaat niet.

'Dag Nik, ik zie je morgen. Ga maar lekker slapen. Neem zo dat pilletje, dan word je rustig en ik ben er morgenochtend weer. Hou je taai,' zegt mijn vader. Hij geeft me een kus en neemt Suus en Fem mee de kamer uit. Michiel en ik blijven achter. We zijn niet goed in dit soort situaties. Ik weet niet wat ik tegen hem moet zeggen en hij evenmin. Ik denk aan de nacht ervoor en hoe fijn het was om samen met hem te zijn en me veilig te voelen.

'Ik zie je morgen, lieverd, ik ga heel hard aan je denken en bel me als er iets is of als je nog wilt kletsen.' Ik kan niks meer zeggen door mijn tranen heen, dus begraaf ik mijn hoofd in zijn nek en geef hem een dikke zoen.

'Dag schatje, tot morgen.'

En dan ben ik alleen. Nu kan alleen ik mezelf er nog van overtuigen dat ik hier moet blijven en moet wachten tot het ochtend wordt.

Ik wil het liefst heel hard wegrennen en voel me ellendig. En mezelf ervan overtuigen dat ik moet blijven blijkt lastiger dan ik dacht. Ik denk aan mama. Hoe zou zij zich ervan weerhouden hebben om het ziekenhuis gillend uit te rennen? Gelukkig mag ik mijn mobiele telefoon bij me houden, dus ik kruip onder het dekbed en bedenk wie ik zal sms'en. Mijn jaarclub eet op dit moment met elkaar. Het is namelijk een gewone dinsdag en dan hebben we altijd jaarclubeten. Of althans, voor hen is het een gewone dinsdag. Voor mij niet. Ik krijg sms'jes van ze en stuur ze meteen allemaal een berichtje terug. Ze zijn allemaal zo lief. Ik bedenk hoe graag ik met ze zou willen ruilen. Gewoon gezellig eten, studeren, lol maken en geen operatie morgen. Ik voel me daar in die ziekenhuiskamer zo verschrikkelijk alleen dat de tranen over mijn wangen stromen. Ik ben de enige die kan beslissen en moet het zelf doen, in mijn eentje. De volgende keer dat ik Michiel zie, mijn zusjes of mijn vriendinnetjes zal ik geen borsten meer hebben. Ik pak mijn iPod en luister naar de cd van mama's begrafenis. Alle liedjes die zij mooi vond. Het geeft me het gevoel dat ze bij me is.

Niemand heeft gevraagd hoe ik denk dat ik me morgen zal voelen, als ik geen borsten meer heb. Of ik ertegen opzie. Bang voor het resultaat. Iedereen heeft vandaag geprobeerd zichzelf staande te houden en mij niet al te veel te belasten met hun eigen zenuwen, spanning en verdriet. Ik heb me laten troosten en geprobeerd ze gerust te stellen. Terwijl ik ondertussen alleen maar kon denken aan hoe het straks zal zijn. Ik heb die onzekerheid, die angst niet geuit. En nu lig ik hier. Had ik met mijn moeder gepraat als ze nog had geleefd? Had ik haar durven vragen hoe het voelde om na de operatie wakker te worden? Waarschijnlijk niet. Ze had me verteld mijn tranen te drogen en ervoor te gaan. Ze had me verteld dat het verlies van haar borsten het altijd heeft afgelegd tegen het opgeluchte gevoel waar je mee wakker wordt. Zelfs als ze dat niet zo gevoeld zou hebben.

Ik pak het 'pareltje' van mijn nachtkastje. Zo noemen ze die pilletjes hier die je slaperig en rustig maken. Lang leve de pareltjes! Dan nestel ik me onder het synthetische ziekenhuisdekbed en ga op mijn zij liggen. Ik trek mijn benen hoog op en vouw mijn handen kruislings onder mijn shirtje. In elke hand een borst. Dit zijn echt de allerlaatste uren met mijn borsten.

23.

Ik word gewekt door een verpleegkundige die een donkerblauw operatiehemd in haar hand heeft. Geen paniek. Ik voel me rustig en een beetje duf. Ik denk dat mijn pareltje nog niet helemaal is uitgewerkt en tot mijn grote blijdschap legt ze er weer een op mijn nachtkastje.

'Neem die zo maar lekker en dan kun je je daarna omkleden,' zegt ze. Ik open de deur van mijn kamer. Het is nog donker en heel erg stil op de gang. Ik steek de gang over en ga plassen. Waarschijnlijk voorlopig de laatste keer dat ik dat zelf kan. Als ik terugkom op mijn kamer is mijn vader er. Zoals hij had beloofd. Hij kust me en vraagt me hoe het gaat. Ik antwoord dat het best goed gaat. Ik loop naar de kast. Van het stapeltje felgekleurde onderbroekjes pak ik, in mijn optiek, de beste. Strak, korte pijpjes en heel veel blij gekleurde stippen. Ik trek mijn pyjama uit en kijk even snel omlaag naar mijn borsten met alle zwarte strepen. Dan trek ik snel mijn operatiehemd aan en zijn de strepen gelukkig weer onzichtbaar. Ik kruip terug in bed. Ik pak het pareltje van mijn nachtkastje. Dan zet papa de televisie aan. Het is nog geen zeven uur, dus is er nog weinig interessants te zien. Totdat we langs *Samson en Gert* zappen. Geweldig. Vroeger een van mijn lievelingsprogramma's. We laten het staan en langzaam zak ik dankzij de medicijnen al een beetje weg. Dan komt de verpleegkundige ons vertellen dat het moment aangebroken is.

Aangezien de kamer erg klein is, is het een kunst om mijn bed uit de kamer te krijgen. Het lege bed dat naast het mijne staat moet eerst gedraaid worden voordat ik eruit gereden kan worden. Het gaat als in een roes aan me voorbij. Als ze mijn bed de gang op rijden loopt papa naast me en pakt mijn hand. Later vertelt hij me dat ik verdrietig was en moest huilen maar daar ben ik me op dat moment niet bewust van. Ik weet alleen dat hij bij me is. Als we bij de lift aankomen, pakt hij mijn wangen met zijn handen en geeft me een kus. 'Zet 'm op.' Dan verdwijn ik met de twee verpleegkundigen in de lift. Hij blijft achter in de uitgestorven gang van afdeling 7 Midden.

Bij de operatiekamers aangekomen word ik geparkeerd in een wachtruimte. Ik hoor dat er iemand naast me ligt, maar kan het niet plaatsen. Ik mocht mijn bril niet meenemen omdat die alleen maar kwijt kon raken. Maar op pad zonder bril betekent voor mij dat ik compleet de weg kwijt ben en me onmogelijk kan oriënteren. In combinatie met mijn pareltje heb ik daardoor pas weer een helder moment als ik op de operatietafel lig. Het gezicht van mijn dokter hangt boven me en hij legt zijn hand op mijn schouder.

'Spannend, hè?' zegt hij.

'Ja,' antwoord ik en ze plaatsen de doorzichtige kap op mijn gezicht. 'Het komt allemaal goed, maak je geen zorgen.'

Zwetend doe ik een uur of elf later voor de eerste keer bewust mijn ogen open. Ik ben terug in mijn kamer en hoor de stem van Jos. Hij legt zijn koele hand op mijn voorhoofd en zegt: 'Je hebt het goed gedaan, het is voorbij.' Het enige wat ik kan zeggen is dat ik het warm heb. Ik voel hoe de hele tijd iets samenspant om mijn benen, maar kan het niet thuisbrengen. Ik heb ook geen idee wie er verder nog in de kamer zijn.

'Ik hoop dat ik snel weer bij de pinken ben,' zeg ik nog en ik zak weer weg en val in slaap. Geen idee hoe ik op dat moment op die uitdrukking kom, ik kan me namelijk niet herinneren dat ik dat ooit gezegd heb.

24.

In het boekje naast mijn bed werd door alle lieve mensen die er die avond waren volop geschreven:

18 april 2007

Lieve Nick,

Vandaag ben je geopereerd en ik zit nu naast je bed. Voor de tweede keer ben ik even met je aan het praten en voor het eerst in onze relatie ben ik degene die nu eens het meeste praat. Ik vraag je of je je nog kunt herinneren wat je gisteren antwoordde op mijn vraag roze of zwart/wit. Je lacht een beetje en zegt zachtjes: 'roze'! Vandaag heb ik dan ook een hele grote ballon van Knorretje meegenomen om deze kamer nog iets vrolijker te maken. Lief vriendinnetje van me... Ik ben ontzettend blij dat je weer uit de OK bent en hier naast me ligt!! Ga je nu gedag zeggen en ben er morgen natuurlijk weer.
Slaap nog even lekker en ik denk aan je.

Heeeeeellle dikke kus, Michiel

Hai allerliefste zus,

Het is nu kwart over acht en je bent net terug van de operatie. Je hebt nu alweer een beetje praatjes. Je zei net dat je vond dat je nog niet zo goed bij de pinken was. Nou, ik vind je een kanjer! Dat verhaal dat je over mama vertelde met die posters gaf me inspiratie voor een cadeautje. Daarom hangt nu deze leuke Kermit poster aan de muur. Dus als je je oogjes open doet, heb je een heel leuk uitzicht. Weet je nog dat ik je vanmorgen aan de telefoon had? Het was zo'n vreemd moment dat ik onderweg naar school was en al die mensen in de tram op weg naar hun werk zag. Terwijl jij vandaag de operatie had. Heb de hele dag aan je gedacht en kon niet wachten om je weer te zien en te weten dat alles ok met je is. Morgen schrijf ik verder.

Zoen, Suus

Hoi stoere zus,

Zo, dat was me het dagje wel. Ik heb de hele dag aan je gedacht en telkens op mijn horloge gekeken. Terwijl ik een oefenexamen aan het maken was, werd mijn stoere grote zus geopereerd! Ik was eigenlijk heel zenuwachtig om je weer te zien maar het was helemaal niet eng! Je was gewoon jezelf, alleen dan wat slaperiger. Maar je had genoeg praatjes en het was goed dat we er waren want dan had je weer kriebel aan je neus en dan weer aan je wenkbrauw. Geen probleem, wij krabbelen wel en aaien je gezicht met snoetenpoetsers. Morgen zal ik weer voorlezen uit Jip & Janneke, ook omdat ik zelf niet kan wachten het volgende verhaaltje te lezen, haha! Lieve zus, je hebt het vandaag top gedaan, ik ben trots op je! Nu is Jos hier ook en ik schrijf morgen weer.

Liefs en dikke kus, je zusje Femke

Lieve Nick,

Als huisarts heb je het vooral heel gemakkelijk met de bezoektijden. Er zijn wel tijden maar je hoeft je er niet aan te houden. Je praat nu heel zacht en hoopt dat je 'snel weer bij de pinken bent.' Dat is wel redelijk snel zoals jij redeneert. Het is heel knap wat je gedaan en ondergaan hebt. Je overtuiging heb je gevolgd! Het is dan ook goed zo. Knap nu maar snel op. Jij hebt je ding gedaan. Je hebt een gezond lijf dus dat herstel zit wel snor. Zet 'm op! Veel liefs Jos (ook van Noor).

Lieve Nicky,

Het is nu bijna 9 uur 's avonds. De dag voor ons samen startte om 7.15 's ochtends. We hebben samen toen wat zitten praten, knuffelen, lachen en gezwegen. Je was erg gespannen en om de spanning iets te breken hebben we samen naar Samson en Gert gekeken. Jij hebt het einde niet gezien, omdat je in slaap begon te vallen. Het pilletje deed zijn werk!
Om 8 uur werd je naar de OK gebracht en samen moesten we toen een beetje huilen. De deuren van de lift vielen dicht en vanaf dat moment waren onze wegen gescheiden. Ik heb de dag doorgebracht in Rotterdam en rusteloos gewacht op je komst. Ruim 10 uur later zagen we elkaar weer: ik opgelucht omdat de operatie was geslaagd, jij suf en sloom. Morgen ben ik er weer en dan voel je je een stuk beter. Dan mag je ook mijn cadeautje openmaken.

Liefs, Papa

25.

Vanaf het moment dat ik rond acht uur vanmorgen huilend de lift in ben gegaan tot het moment dat ik bijna elf uur later weer op mijn kamer terug ben gekomen, is mijn vader in de buurt geweest. Gelukkig kreeg hij versterking van Suzanne, Femke, Michiel, Jos, zijn sudoku-puzzelboekje en natuurlijk een immense zak snoep. Maar ik bedenk pas later wat een hel het voor hem geweest moet zijn om al die tijd op mij te wachten. In de wetenschap dat er een paar verdiepingen lager een heel team doktoren aan me stond te klussen.

Mijn vader was vroeger altijd laat thuis van kantoor. Vaak te laat, volgens mijn moeder. Dan zat ze te wachten met het eten en kon ze zo boos worden als hij weer eens te laat was. Ik kan dat nog steeds. Ondanks het feit dat ik weet dat ik er minstens een kwartier bij op moet tellen als ik met hem afgesproken heb. Als puber had ik vaak discussies met mijn ouders. Ik wilde make-up en dat mocht niet van ze. Ik wilde lenzen en dat mocht niet. Ik wilde naar het hockeyfeestje op vrijdag met mijn vriendinnetjes van school en dat mocht niet omdat ik niet op hockey zat. Ik was op maandag de enige (en dan ook echt de enige) die niet kon meepraten over alles wat er gebeurd was. Ik wilde naar het roeifeest maar dat mocht al helemaal niet want daar gebeurden de ergste dingen volgens hen. Ik wilde een drankje drinken in Haarlem en als dat dan bij hoge uitzondering mocht kwam papa me om halftwaalf halen. Waren we net binnen!

Ik wilde van alles als jong meisje maar mocht dus weinig. Bijna elke avond was het dan ook raak tijdens het eten. Als ik geluk had zette papa zijn favoriete liedje van Paul van Vliet in: 'Meisjes van dertien, niet zo gelukkig. Meisjes van dertien er net tussenin. Te groot voor de poppen, te groot voor de merels. Te klein voor de liefde, te klein voor de kerels.' Zuchtend zaten Suzanne en Femke dan aan tafel omdat het weer zover was. De discussie eindigde er vaak mee dat ik stampend en snikkend de trap op rende en de deur op de overloop dicht knalde. Dan kon voor de rest van het gezin het bijpraten over de dag beginnen.

Toch is mijn vader altijd, ook in die jaren, een man geweest van wie ik ontzettend veel hou en voor wie ik veel respect heb. Altijd, maar dan ook altijd, is hij er voor ons. Alles wijkt voor zijn dochters en als wij verdriet hebben, heeft hij verdriet. In de periode dat mijn moeder ongeneeslijk ziek werd, zag ik mijn vader veranderen. Hij werd toegankelijker, was vaker thuis en hij veranderde voor mij langzaam in een gesprekspartner, een maatje.

Voor mijn moeder heeft papa alles gedaan. Geen enkele bestraling, geen enkele chemokuur, geen enkele scan, geen enkele uitslag sloeg hij over. Alle afspraken werden tussen het werk door gepland en mijn moeder ging altijd voor. Op het moment dat ze zo verschrikkelijk ziek was en niets meer kon, was hij het die haar verzorgde. Elke nacht naast haar sliep. Haar sigaret om vijf uur 's morgens aanstak omdat ze er zo veel zin in had en het toch niet meer uitmaakte. Haar tripje naar de dierentuin regelde door een rolstoelauto voor haar te huren, waar ze uiteindelijk helaas toch al te zwak voor was. Daarnaast was hij er voor ons. Om met ons te praten en om met mij af te stemmen hoe we de zaken praktisch zouden regelen voor die dag.

Mijn vader had weg kunnen lopen. Op het moment dat hij wist dat er in mijn moeders familie borstkanker voorkwam en er een grote kans was dat mijn moeder ook ziek zou kunnen worden, had hij kunnen zeggen dat hij daar geen zin in had. Maar mijn vader heeft voor haar gekozen. Dat betekent wel dat hij vanaf dat moment geconfronteerd werd met de dood van zijn schoonmoeder, mijn oma. Met het verdriet van mijn moeder en haar angst om ook ziek te worden en het moment waarop dat uiteindelijk inderdaad gebeurde. De begeleiding van haar ongeneeslijke ziekte. Het genonderzoek van zijn eigen dochters en uiteindelijk mijn ingrijpende operatie. Maar ook voor de kleinkinderen die hij later hopelijk krijgt blijft dit gen een rol spelen. Borstkanker is ongewild de rode draad van zijn leven geworden.

Ik lijk op mijn vader. We denken (inmiddels) over veel dingen hetzelfde en pakken dingen vaak op dezelfde manier aan. Op de begrafenis van mijn moeder heeft mijn vader haar een belofte gedaan. Hij sprak uit dat hij mijn moeders kostbaarste bezit - Suzanne, Femke en mij - op zou voeden en zou begeleiden zoals zij dat voor ogen had gehad. In haar geest. Dat mijn vader dan ook hier, vandaag, elf uur in het ziekenhuis heeft gewacht totdat ik terugkom uit de operatiekamer is weer een bewijs dat hij zich aan die belofte heeft gehouden. Want ondanks het feit dat hij het in eerste instantie te vroeg vond en te snel vond gaan, steunt hij me volledig. Hij heeft mijn beslissing gerespecteerd en heeft me begeleid, op de manier die mijn moeder voor ogen had.

26.

Donderdagochtend ben ik al vroeg wakker en lijkt de waas die me tot dat moment omgaf een beetje op te lossen. Ik kijk langzaam rond in mijn kamer en probeer te bedenken hoe alles in elkaar zit. Ik voel met mijn handen voorzichtig aan mijn borstkas, maar voel daar niets anders dan grote verbanden en pleisters. In mijn beide handen zit een infuus en ik zie aan de bovenkant uit mijn ziekenhuispyjama aan beide kanten een doorzichtig slangetje komen waar een roodachtige vloeistof doorheen loopt.

Dat zijn drains die het wondvocht afvoeren, dat kan ik me nog herinneren van de operatie van mama. Ik ben aangesloten op een apparaat waarvan ik zelf op het knopje kan drukken. Ik ben nog heel slaperig en duf maar ik herinner me dat er morfine uit komt als ik dat doe, dat helpt tegen de pijn. Dan hoor ik weer het geluid dat ik me vaag kan herinneren van gisteravond en ik zie dat mijn benen van mijn enkels tot en met mijn liezen ingepakt zijn. Een apparaatje dat aan mijn bed hangt zorgt ervoor dat mijn ingepakte benen zich om de halve minuut samenspannen, alsof je bloeddruk opgemeten wordt. Dan zie ik aan de zijkant nog twee drains hangen die waarschijnlijk uit mijn benen komen. Ik kan me niet bewegen. Ik kan geen kant op. Ik zie op de klok dat het zes uur 's morgens is. En tot overmaat van ramp ben ik misselijk.

Ik probeer niet in paniek te raken, maar het gevoel dat ik me niet kan bewegen vind ik vreselijk. Ik probeer het knopje te vinden waarmee ik een verpleegkundige kan roepen. Als ik dat eindelijk gevonden heb en ze komt mijn kamer binnenwandelen, vertel ik haar dat ik misselijk ben. Ik heb in alle gesprekken aangegeven dat ik daar heel bang voor ben. Het zweet breekt me uit en al mijn hoop is op haar gevestigd. Zij moet me helpen! Ze raakt mijn arm even aan en stelt me gerust. 'Ik ga even wat voor je pakken, ik kom zo terug.' De ochtend kruipt voorbij en het middeltje dat ze me gegeven heeft helpt niet. Ik blijf misselijk. Ik adem diep in door mijn neus en weer uit door mijn mond. Ik moet rustig blijven, maar vind het vreselijk dat ik me niet even op mijn zij kan draaien. Ik heb geen pijn, maar druk toch op het knopje van de morfinepomp. Misschien helpt morfine wel tegen de misselijkheid, denk ik hoopvol.

Buiten wordt het langzaam licht en dat geeft me een goed gevoel. Ik wil meedoen aan de dag en me weer goed voelen. Als de deur langzaam opengaat en een kleine vrouw met donkere haren haar gezicht om de hoek steekt, word ik blij. Er is leven in dit ziekenhuis! Die blijdschap vervaagt echter al snel als ze een dienblad voor mijn neus legt met twee boterhammen, een plakje kaas en zo'n lekker per stuk verpakt plakje schouderham.

Als ik misselijk ben, wil ik me bewegen. Beweging leidt af van het feit dat je misselijk bent, maar als je vastgegespt ligt aan een ziekenhuisbed, je benen twee keer per minuut worden samengeknepen en er zo'n ontbijt voor je neus staat, dan gaat er iets mis. Ik kokhals en de lieve mevrouw haalt het blad voor mijn neus weg. Ik begin te huilen als een klein kind.

'Ik ben zo misselijk en ben heel erg bang,' breng ik uit. Ik besluit dat de vrouw mijn kamer niet meer mag verlaten. 'Niet weggaan,' snik ik als ze richting de deur loopt, 'ik ben echt heel bang.' Ze loopt terug naar mijn bed en komt bij me zitten. Ze aait moederlijk over mijn arm en stelt me gerust.

'Je voelt je beter als je iets gegeten hebt, hoor,' beweert ze. Ik laat me overtuigen om een hapje yoghurt te eten, maar dat moet ze eerst gaan halen en ik had net bedacht dat ze niet meer weg mocht gaan totdat mijn vader er zou zijn. Dat de lieve mevrouw gewoon moet werken en er meer mensen op deze afdeling liggen die wél zin hebben in een lekker ontbijtje, realiseer ik me geen moment. Ze belooft me terug te komen en loopt met het dienblad (gelukkig inclusief de ham en kaas) mijn kamer uit.

Een paar minuten later is ze terug met een bakje yoghurt. Ze voert me rustig hapjes maar het helpt niet. Ik blijf zo misselijk. De zure lucht van de yoghurt maakt dat ik echt denk dat ik moet overgeven, maar gelukkig gaat het net goed. Om de paniek wat weg te nemen praat de lieve mevrouw tegen me. Ze heeft een Oost-Europees accent en vertelt over haar kinderen en waar ze vandaan komt. Dat maakt me rustig. Ik moet zelfs om haar grapjes lachen. Ondertussen voert ze me kleine hapjes yoghurt en wat kleine stukjes brood en dat gaat goed. Ik voel me een klein kind, maar laat haar voor me zorgen. Ze blijft de hele ochtend en verlaat mijn kamer niet meer totdat mijn vader er is. Ze is mijn reddende engel! Wat een hel deze eerste ochtend.

Als mijn vader aan het einde van de middag mijn kamer binnenkomt heeft hij de verpleging uiteraard al een aantal keer gesproken om te vragen hoe het met me gaat. Hij heeft een aantal afspraken afgezegd om eerder te komen toen hij hoorde dat ik me zo naar voelde. Ik ben blij dat hij er is. Hij bekijkt alle toeters en bellen die aan me hangen. Ik vertel hem van de ellendige stellage aan mijn benen en het feit dat de banden om mijn benen zich twee keer per minuut vacuüm trekken. 'Die moeten er dus echt zo snel mogelijk af,' zeg ik hem. 'Dit is zo irritant.'

Het verbaast me verder dat ik geen pijn heb. Op aanraden van de arts heb ik niet meer op het morfineknopje gedrukt, omdat dat volgens haar best eens de veroorzaker van de misselijkheid zou kunnen zijn, in plaats van de oplossing ertegen. Ik voel me de hele dag heel rot en vind het ontzettend tegenvallen! Ik had gedacht dat ik me vandaag opgelucht zou voelen, blij dat het achter de rug zou zijn. Maar ik blijf misselijk, suf, sloom en het feit dat ik me niet kan bewegen maakt me gek. Papa schrikt een beetje dat ik er zo slecht aan toe ben. Vertwijfeld vraagt hij: 'Heb je er geen spijt van, Nick?'

'Nee, absoluut niet,' zeg ik gelijk. Hoe rot ik me ook voel, dit is goed. Als ik weer in slaap ben gevallen schrijft hij in mijn boekje:

Het is nu bijna 15.00 uur en ik heb je moeten beloven je niet alleen te laten. Ik heb daarom mijn vergadering van 16.00 uur afgezegd, mijn stropdas afgedaan en zit 'gezellig' bij je. Jij slaapt en ik kriebel je arm een beetje om je te laten weten dat ik er ben. O ja, je hebt me beloofd dat als onze rollen eens zijn omgedraaid, jij dan bij mij blijft en mij zal verzorgen. Niet vergeten hoor?!

27.

Vandaag is het vrijdag. Heel Nederland viert straks weekend en ik begin aan de tweede dag van mijn herstel. Ik was vanmorgen weer zo vroeg wakker dat ik mijn iPod heb gepakt en de muziek aan heb gezet in de hoop dat ik nog even in slaap zou vallen. Blijkbaar is de inhoud van mijn iPod een van de weinige dingen waar ik van tevoren niet zo heel goed over na heb gedacht. Er staat niet zo veel blije muziek op, waardoor ik steeds weer uitkom bij de cd van Nick en Simon, waarvan ik niet eens weet hoe die erop gekomen is.

Als ik die ochtend al voor de derde keer het lied over die zielige stervende soldaat heb gehoord, komt een verpleegkundige mijn kamer binnen. Ze komt checken of het bloed nog goed door mijn nieuwe borsten stroomt en of ze niet verkleuren. Dat kan namelijk een teken zijn van afstoting. In het begin kwamen ze voor die controle om het halfuur maar vandaag is het al om de twee à drie uur. Sinds de dag dat mijn borsten zijn weggehaald, heb ik nog niet naar mijn nieuwe lijf durven kijken. Elke keer als de verpleegkundige de deken terugslaat en voorzichtig de verbanden eraf trekt, draai ik mijn hoofd opzij. Ik durf nog niet te kijken, ik wíl nog niet kijken. Wat moet ik nou doen als het heel erg tegenvalt? Als ik het stiekem heel erg lelijk vind? Dan moet ik er nog wel een jaar of zestig tegenaan kijken.

'Het ziet er prima uit, hoor,' zegt ze. 'Je krijgt zo lekker je ontbijt.' De misselijkheid van de vorige dag steekt direct weer de kop op bij de gedachte aan dat plakje schouderham. Gelukkig mocht ik gisteravond zelf kiezen wat ik voor ontbijt wilde en ik heb uiteraard voor hagelslag gekozen. Daar kan toch weinig mee misgaan.

Nadat ik met moeite een halve boterham heb weggewerkt kijk ik voor de zoveelste keer op de klok. Ik vraag me af of de tijd in het Erasmus Ziekenhuis misschien langzamer gaat dan de tijd buiten deze vier muren. Ik kan me nog altijd niet bewegen en mijn irritatie over de zuigende gevallen aan mijn benen heeft een hoogtepunt bereikt. Volgens de dokter mogen ze er pas af als ik weer een stukje kan lopen. Ze moeten trombose tegengaan. Van lopen is alleen nog lang geen sprake en ik kan amper een hapje brood naar mijn mond krijgen. Bloedchagrijnig zet ik nog maar een keer Nick en Simon aan en vraag me af hoe ik deze dag door ga komen.

28.

Ik heb enorm respect voor de verpleegkundigen die me dag in dag uit verzorgen. Zulke lieve vrouwen en soms zelfs jonger dan ik. Vandaag, zaterdag, worden mijn haren eindelijk gewassen, een geschenk uit de hemel! Ze vinden dat het vandaag tijd wordt om voor het eerst uit bed te gaan. Dan mag ook eindelijk die akelige vacuümpomp eraf. Ze smeren mijn benen in met Zwitsal en helpen me stukje bij beetje overeind. De wonden in mijn benen, waar ze het weefsel voor mijn borsten uit gehaald hebben, trekken en ik heb het gevoel dat ze open getrokken worden als ik probeer om rechtop te gaan zitten. Ze zetten een stoel naast het bed en als ik eenmaal op de rand van het bed zit tolt de wereld om me heen. Toch lukt het me dankzij hun hulp om een paar minuten naast het bed te zitten. Een uitputtingsslag, maar ik ben apetrots. De dag daarna kan ik al mijn eerste stukje lopen. Ik schuifel met mijn tas met drains en in mijn gekleurde onderbroekje naar de deur. Ik overzie hoe ver de afstand nog is tot de toiletten aan de overkant van de gang en besluit de oversteek te wagen. Als een oud vrouwtje strompel ik door de gang en ga zelf plassen. Een hele prestatie, vind ik zelf.

Maandag is het heerlijk weer en als papa er 's middags met Femke is stelt hij voor om even naar buiten te gaan. Ik kijk hem ongelovig aan. Met al die snoeren en flessen naar buiten? Ik kan net een paar stukjes lopen!

'Wacht maar even,' zegt hij, en hij verdwijnt de gang op. Hij komt terug met een rolstoel en kleedt me warm aan. Trui, badjas, pantoffels en mijn sjaal. Hij zet me in de rolstoel en stopt alle drains in een tas en zet die op mijn schoot. Zo, we zijn klaar om te gaan. 'Ain't no mountain high enough,' is een van zijn motto's.

Als hij me door de gang van de afdeling rijdt waar ik zes dagen geleden huilend binnen kwam lopen duizelt het me. Ik voel me zo verdoofd en suf dat ik recht voor me uit moet kijken om niet uit de stoel te vallen. Ik vraag of papa iets zachter wil lopen want zijn tempo is niet echt bevorderlijk voor mijn toestand. Eindelijk stoppen we om te wachten op de lift en ik betwijfel of dit een goed idee is. Ik voel me zo zwak en zonder energie. Maar dan lopen we naar buiten en voel ik de warme zon op mijn gezicht. Papa parkeert me bij de zijkant van de ingang zodat ik lekker kan genieten van de warmte.

'Wil je een ijsje?' vraagt hij. Ik moet lachen. Ik heb nog niet meer gegeten dan een paar boterhammen met hagelslag, aardbeien (veel aardbeien) en fruithapjes voor baby's. 'Nee, dank je,' antwoord ik en ik lach naar Fem. Hij loopt naar binnen om er voor hen wel een te halen.

Wat zouden voorbijgangers denken als ze me zo zien zitten? Ik ben ontzettend afgevallen en mijn gezicht is wit en ingevallen. De draden steken nog uit mijn lijf, maar ik heb wel mijn knalroze pyjamabroek, pantoffels en badjas aan. Het moet een vreemd gezicht zijn. Als ik zelf een ziekenhuis in loop en ik zie mensen zo zitten vraag ik me af wat ze zouden hebben. Waarom ze erbij zitten zoals ze er nu bij zitten. Als mensen zich dat bij mij ook afvragen, dan zouden ze het nooit raden. Niemand weet dat ik hier in een rolstoel zit omdat vijf dagen geleden mijn borsten geamputeerd zijn.

Beter dat niemand dat weet of ziet en ik glimlach. Ik sluit mijn ogen en draai mijn hoofd naar de zon.

'Lekker?' vraagt papa als hij terugkomt met zijn ijsje.

'Heerlijk,' zeg ik. 'Wat is die zon fijn!'

'Ik zei het je toch...' Ik haat die uitspraak maar hij heeft gelijk. Dit is pas opknappen!

29.

Het maximale eruit halen wat erin zit. Tot het uiterste gaan. Dat heeft mijn moeder haar hele leven gedaan, maar vooral in de anderhalf jaar dat ze ziek was. Ze werd in september 2002 naar huis gestuurd met een levensverwachting van zes maanden. Dat zijn er achttien geworden. Puur op wilskracht. Op de wil om te leven.

Na de diagnose in september 2002 heeft ons leven dag in dag uit in het teken gestaan van mama. De resultaten van haar onderzoeken, hoe ze zich voelde en uiteindelijk ook van haar verzorging. Mama begon direct met bestralingen. Daarvoor moest ze dagen achter elkaar naar het ziekenhuis en werd ze elke dag op exact dezelfde plaats op haar schedel bestraald.

In het begin gaat dat goed. De tumoren worden kleiner en mama voelt zich goed. Op 18 januari 2003 wordt ze 45 jaar en ze besluit dat groots te vieren. Wat ze niet weet is dat wij dat allemaal al geregeld hebben voor haar. We kunnen het daarom niet hebben dat ze grootse plannen gaat maken voor een feest. Aan de keukentafel proberen we haar ervan te overtuigen dat het beter is om gewoon thuis een aantal mensen uit te nodigen. Als ze zich dan niet lekker voelt kan ze even gaan liggen en dat kan natuurlijk niet als je ergens een ruimte huurt.

'Ja, maar ik voel me nu toch goed?' zegt ze. We voelen ons allemaal heel erg schuldig want ze is ontroostbaar dat we het zo'n slecht idee vinden en dat we eigenlijk zeggen dat het niet door kan gaan. Met heel veel tegenzin bindt ze in en blijft tot haar verjaardag mokken dat ze van ons geen feest mag geven. Uiteindelijk huurt ze een tap en worden de statafels gereserveerd en nodigt ze iedereen bij ons thuis uit.

Op 18 januari is mama's eerste verrassing dat ze door papa en mij meegenomen wordt naar Den Haag. We gaan naar het door haar zo geliefde Hotel Des Indes aan het begin van de Denneweg, waar ze opgegroeid is.

'Even koffiedrinken,' zegt papa. Als we het hotel binnenlopen staan daar haar beste vriendinnen en is zelfs haar zus Simone uit Frankrijk gekomen. Je ziet haar gezicht oplichten en ze begint te stralen. Er is een prachtige tafel in het midden voor ze gereserveerd, waar ze genieten van een heerlijke lunch. Maar dat is nog niet alles. Ondertussen treffen we de laatste voorbereidingen voor het feest vanavond waar mama geen idee van heeft...

Als we thuiskomen uit Den Haag begint mama met de voorbereiding van wat ze denkt dat haar verjaardagsfeestje wordt. Meubels worden aan de kant geschoven, de tap wordt aangesloten, de hapjes worden klaargezet. Achter haar rug trekken wij de stekker weer uit het stopcontact en zetten alles weer terug. We hebben van Jos en Noor gehoord dat we opgehaald worden, maar ook wij hebben geen idee wat ons te wachten staat.

Ondertussen weigert mijn moeder om haar pruik op te zetten. Thuis draagt ze die sowieso niet, maar ze weet natuurlijk niet dat ze elk moment opgehaald kan worden, dus we proberen haar over te halen het ding op te zetten. Dat is lastig want ze is eigenlijk nog steeds een beetje boos dat ze van ons geen feest mocht geven die avond. Net op tijd lukt het ons, en dan gaan buiten op straat ineens felle lichten aan.

'Wat is dat?' vraagt mijn moeder.

'Geen idee,' zegt mijn vader met een triomfantelijke lach op zijn gezicht. Ze loopt naar de voordeur en ziet daar haar vriendengroep, uitgedost in grote cancan jurken en Franse pakken. Een lange sliert oude 2cv's staat op straat en mijn moeder is volledig overrompeld.

'Wisten jullie dit? Wat gaan we doen?' Wij halen onze schouders op en kunnen alleen maar lachen. We vinden het prachtig en stappen in de voorste auto. In een lange optocht vertrekken we naar de plaats waar we het feest voor haar georganiseerd hebben. Als we in de buurt zijn knalt de hele lucht van het vuurwerk.

'Dat is toch niet voor mij?' vraagt mama.

'Dat is het zeker wel,' zegt papa en hij geeft haar een kus. Als we aankomen bij de locatie staan alle mensen die we voor haar uitgenodigd hebben in een erehaag buiten op haar te wachten. Met z'n allen zingen we voor haar en begeleiden haar naar binnen. Iedereen is gekomen. Vrienden, familie, mensen die ze al een heel lange tijd niet heeft gezien. Fantastisch om te zien hoe intens ze geniet van deze avond. Er wordt gedanst en gedronken tot in de kleine uurtjes. Een onvergetelijke avond. Als ik haar van een afstandje bekijk ziet ze er zo gelukkig uit, ze straalt, ziet er fantastisch uit, kletst met iedereen die voor haar gekomen is en danst tot ze erbij neervalt. Ik kan me niet voorstellen dat mijn moeder tegelijkertijd zo ziek is, maar daar probeer ik vanavond niet aan te denken. Dit is háár avond en daar geniet ze met volle teugen van.

30.

Niet lang na het spetterende feest, in februari 2003, krijgt mama weer last van hoofdpijn en uitvalsverschijnselen. Vanwege de maximale dosis bestraling die ze al heeft gehad start ze op 3 maart 2003 met haar eerste reeks chemokuren. Daar is ze behoorlijk ziek van, maar gelukkig hebben de kuren een heel positief effect. Niet alleen haar hersentumoren maar ook de tumoren in de longen worden kleiner. Op een bepaald moment zijn ze zelfs helemaal in rust. Een wonder!

We leven als gezin van scan naar scan, van uitslag naar uitslag. Sinds de verbouwing van ons huis hebben we een heuse woonkeuken. Daar staat een mooie donkere antieke tafel die mijn moeder heeft uitgezocht met daaromheen vijf stoelen. We eten niet alleen elke avond aan die tafel, we zitten daar ook vaak als mijn ouders in het ziekenhuis zijn geweest. Aan die tafel horen we wat de artsen gezegd hebben. Goed nieuws wordt altijd direct gevierd door iets leuks te doen of iets lekkers te eten. Slecht nieuws wordt snel gebracht en is het volgens mijn moeder niet waard om lang bij stil te staan. Dus wil ze geen tranen zien, geen verdrietige gezichten en moeten we haar geloven dat ze er alles aan doet en dat het goed komt. Op sommige momenten vind ik het fijn dat ze de spanning verbreekt en ons op sleeptouw neemt om iets te gaan doen wat onze gedachten afleidt. Maar op andere momenten had ik er graag langer bij stil willen staan. Ze doet altijd alsof ze in de veronderstelling leeft dat ze deze ziekte overleeft. Maar bij elke slechte uitslag hebben we een optie minder en wordt haar wereld kleiner.

In de zomer van 2003 gaan we met z'n allen op vakantie. Ik ga eerst anderhalve maand naar Spanje om Spaans te leren en vlieg daarvandaan naar Italië. Ik heb getwijfeld of ik wel zo lang weg moet gaan. Het is tijd die ik nu nog met mama kan doorbrengen en straks misschien niet meer. Maar uiteindelijk zet ik door. Mama voelt zich goed en motiveert me om mijn eigen weg te vervolgen en verder te leven. Van de anderhalve maand dat ik weg ben, gaan papa en mama eerst twee weken samen naar de door mama zo geliefde Franse zuidkust. Daarna reizen ze door naar Italië.

Suzanne en Femke komen via vrienden ook op dezelfde Italiaanse camping aan. Daar staan we samen met Jos en Noor en hun gezin. Het is een ouderwets gezellige en fantastische vakantie. Iedereen geniet, het is heerlijk weer en het gaat supergoed met mama. Als je haar ziet zitten en je weet niet dat ze zo ziek is, dan heb je er ook geen idee van!

Na de zomer van 2003 begin ik in Utrecht met een nieuwe studie en ga ik een tweede poging wagen om op kamers te gaan wonen. Ik heb in 2002 al een aantal maanden in Utrecht gestudeerd aan de Hogeschool voor de Kunsten. Ik had heel veel moeite gedaan om daar toegelaten te worden en was ervan overtuigd dat ik me daar op mijn plek zou voelen. Ik ging op kamers wonen, maar al snel bleek dat de studie helemaal niet bij me paste en dat viel enorm tegen. Ik ben daarom gestopt en weer bij mijn ouders gaan wonen. De afgelopen maanden heb ik gewerkt en over een aantal weken begin ik met een nieuwe studie, Taal en Cultuurstudies. Weer in Utrecht.

Ik zie ertegen op. Ondanks het feit dat het nu goed gaat met mama weet ik dat er een moment gaat komen waarop haar toestand weer achteruit zal gaan. Ik zal dan niet meer thuis wonen en kan er niet direct voor haar zijn. Ik bespreek mijn zorgen met papa, maar die vindt dat ik gewoon moet gaan. Mama wil ook dat ik mijn leven weer oppak en beiden staan ze erop dat ik verhuis. Dat ik lid word van een studentenvereniging en mijn eigen leven ga opbouwen in een nieuwe stad. Ze weten me te overtuigen en ik word lid van Unitas, de studentenvereniging waar mijn vader en moeder elkaar hebben leren kennen. Eind september verhuis ik naar Huize Fish & Chips aan de Oudwijkerdwarsstraat in Utrecht. Zes superleuke meiden in een huis. Een leuke nieuwe jaarclub, allemaal nieuwe vrienden en vriendinnen. Ik heb zin om mijn leventje hier op te bouwen en het lijkt soms zelfs alsof het leven eventjes normaal is.

Maar dan horen we vlak nadat ik naar Utrecht ben verhuisd dat mama tijdens een weekendje met vrienden in Nice meerdere epileptische aanvallen heeft gehad. Midden in het restaurant waar ze zaten te eten. Ze wordt opgenomen in het ziekenhuis van Nice en moet daar zeker een week blijven. Ze zijn op de heenreis naar Nice gevlogen en het is te gevaarlijk om haar op dit moment te vervoeren. Papa en Paul, een van zijn beste vrienden, blijven achter in Nice terwijl de rest terug naar Nederland reist. Ik kom ook direct naar huis en Ab en Annet, mijn oom en tante, pakken direct hun spullen en reizen af naar Hillegom. Ze verwennen ons en samen leven we van update naar update. Als we na een week horen dat mama naar huis komt, zetten we samen met Noor en Annet ons hele huis vol zonnebloemen omdat mama daar zo van houdt. Ze wordt naar huis gebracht met een ambulance, helemaal vanuit Zuid-Frankrijk. Papa en Paul rijden achter de ambulance aan met een huurauto. Als ze terugkomt herken ik haar bijna niet meer. Ze ziet er slecht uit, is moe en erg in de war. Weer terug in het Antoni van Leeuwenhoek horen we dat haar tumoren weer actief zijn geworden. Het weekendje Nice bleek een omslagpunt.

Mama krijgt opnieuw een serie chemokuren maar op 16 december 2003 krijgen we het slechte nieuws dat de kuren die haar sinds maart geholpen hebben, nu niets meer voor haar doen. De tumoren blijven groeien. Na de bestralingen en deze chemokuur rest mama niets anders dan een experimentele kuur te proberen waarmee de artsen weinig ervaring hebben. Ze wil ook deze kans nog grijpen. Al snel blijkt dat ook die kuur niets meer voor haar zal doen.

Mama wordt steeds zieker en verandert onherkenbaar voor mensen die haar even niet hebben gezien. Ze zit het grootste deel van de tijd in een rolstoel en haar gezicht is helemaal opgezwollen door alle medicijnen. Wij zien dat haast niet meer omdat we haar elke dag zien en langzaam meegenomen worden in de veranderingen. Een keer liep ik met haar in de Albert Heijn en ik zag iemand staan die mama kende. Degene deed net of ze iets vergeten was toen ze mama zag en draaide zich om. Vreselijk vond ik dat en mijn moeder was er heel verdrietig van. En áls iemand dan bleef staan voor een praatje, knoopten ze een gesprek aan met degene die haar rolstoel duwde.

'Hoe gaat het met je moeder?' vroegen ze dan.

'Nou, vraag het haar zelf, want ze zit hier,' zei ik een keer heel bot terug. Niet aardig misschien, maar ik vond het zo oneerlijk voor haar.

Het is moeilijk om te zien dat haar wereld zo snel kleiner wordt. Ze kan bijna niet meer lopen, mag niet meer alleen blijven en communiceert steeds lastiger. Op een dag zitten we aan de keukentafel en we vertellen mama dat er steeds een mooi liedje op de radio is dat we eigenlijk graag willen draaien op haar begrafenis omdat het uitdrukt hoe we ons voelen. Papa vraagt welk liedje dat is en we antwoorden 'Goodbye's the saddest word', van Celine Dion.

'Misschien moet je het even opzetten,' zegt hij en ik voel de spanning toenemen. Meestal wordt geprobeerd om de gesprekken zo luchtig mogelijk te maken, maar de tekst van dit lied zit voor ons heel diep. Ik voel de tranen achter mijn ogen branden en verschuif op mijn stoel. Het liedje wordt opgezet en terwijl Celine nog aan het zingen is beginnen we met het afruimen van de tafel. Alles om maar niet stil te hoeven zitten en samen naar dit lied te luisteren. Mama lijkt elk woord te horen, maar is niet in staat om daar richting ons iets mee te doen of over te zeggen. Ik probeer hardnekkig aan andere dingen te denken om ervoor te zorgen dat ik niet hoef te huilen. Zo verandert de situatie van een mooi gebaar dat mijn vader maakte om het verdriet van het naderende afscheid bespreekbaar te maken naar een situatie waarmee we geen raad weten en is de spanning om te snijden. Als het lied is afgelopen zegt papa: 'Mooi hè, Els?'

Mijn moeder knikt en zegt niets.

In februari 2004 gaan we nog een laatste keer met z'n vijven op vakantie naar haar geliefde Frankrijk. Onze eerste stop is Le Touquet, waar mijn ouders ook op huwelijksreis zijn geweest. We zoeken het huisje op waar ze toen logeerden en mijn ouders vertellen alle verhalen over die tijd dat ze net getrouwd waren. Mijn oma leefde toen nog, de platenzaak van mijn opa draaide goed en er was tijd en geld voor vakanties met de hele familie.

De hoogtijdagen van onze familie. Twee dagen later rijden we door naar mama's zus Simone, die iets zuidelijker woont. We blijven daar drie dagen en hebben een heel bijzondere tijd met elkaar. Met mijn moeders eetlust is weinig mis, dus we eten en drinken volop. Ik herinner me nog een foto waar we op het terras zitten in Caen, een grote stad in de buurt van waar Simone woont. Mama bestelt daar mosselen, want daar is ze gek op. Dan hoor je haar niet en eet ze met gemak de hele pan leeg. Toch is het voor haar steeds lastiger om deel te nemen aan de gesprekken die gevoerd worden. Ze komt steeds vaker niet op woorden of kan niet zeggen wat ze in haar hoofd bedacht heeft. Ook het lopen gaat steeds lastiger, dus zit ze het grootste deel van de tijd in een rolstoel. Als ze even opstaat om vanuit de eetkamer in de keuken iets te pakken staat mijn kleine neefje op en slaat zijn armen over elkaar. 'Ooooohoh, jij kan wel lopen,' zegt hij verontwaardigd tegen haar. Een uitspraak om nooit meer te vergeten en we lachen er met z'n allen heel hard om. We genieten van elk moment van onze vakantie, maar allemaal wel in het besef dat dit de laatste vakantie met elkaar is.

31.

Het is zondagavond 30 mei. Ik zit aan de keukentafel met Jos en een aantal andere vrienden van papa en mama. Ik leg mijn hand op de tafel en strijk over het donkere hout. Ik realiseer me dat ik aan deze tafel nooit meer met mijn moeder zal zitten. Ze gaat dood. Misschien vanavond, misschien morgen. Ergens hoop ik dat het nu gebeurt, ergens hoop ik dat het nog heel lang duurt. Ze is zo ziek, kan niet meer praten en ze is eigenlijk ook al niet meer echt bij ons. Ze is de afgelopen weken heel snel achteruitgegaan. Ze kan niet meer uit bed komen, heeft heel veel moeite met praten en heeft 24 uur per dag verzorging nodig. De afgelopen paar dagen kunnen we helemaal niet meer met haar communiceren en het lijkt alsof ze ergens tussen leven en dood zweeft. Het lijkt soms alsof ze veel pijn heeft als je haar aanraakt. We krijgen geen contact meer met haar. De meeste vrienden en familie hebben al afscheid genomen, maar daarvan heeft ze denk ik niets meer gemerkt. Soms tilt ze haar arm op en lijkt het alsof ze iets wil vastpakken en klinkt het alsof ze 'mama' zegt. Ik kan me niet voorstellen wat er nu in haar omgaat en waar ze is met haar gedachten. Het doet me pijn om haar zo te zien lijden en ik word me er steeds meer van bewust dat ik nooit meer met haar zal kunnen praten.

Als ik op mijn horloge kijk zie ik dat het tien over twaalf is, en dus maandag, tweede pinksterdag. Ik ga zo slapen. Ik móet zo slapen, maar ik wacht nog even totdat ik mama een kus kan geven. Misschien is het wel mijn laatste keer dat ik haar welterusten kan wensen, dus dat wil ik goed doen. Papa is bij haar, en dus wacht ik hier in de keuken. Jos en nog twee vrienden van papa en mama wachten ook in de keuken. Ze zijn hier om een schema af te spreken om te waken over mama. Er moet iedere minuut van de dag én nacht iemand bij haar zijn. Al ze doodgaat mag ze niet alleen zijn. Suus zit naast me, Femke is net naar bed gegaan.

Dan gaat de deur van de keuken open.

'Ik denk dat ze dood is,' hoor ik papa zeggen. Nee! Dat kan niet! Ik moet haar nog gedag zeggen! We staan allemaal op en rennen achter papa aan naar de slaapkamer. Daar ligt ze met haar hoofd schuin in het kussen, haar ogen dicht en haar mond een beetje opengezakt. Ze ligt heel stil. Het lijkt niet langer alsof ze slaapt. Jos voelt of ze nog een hartslag heeft en kijkt op.

'Ze is dood,' zegt hij.

32.

5 juni 2004. Het voelt meer dan ooit alsof mijn wereld stilstaat. Vandaag gaan we mama begraven. Gisteren hebben we haar kist gesloten. Samen met mama's familie stonden we om haar kist heen. Haar handen voelden als rubber en heel koud. Toen mama net was overleden zag je nog goed dat zij het was, maar als ik nu naar haar kijk heb ik het idee dat ze niet meer hier is. Het lijkt alsof haar ziel ergens anders is. Haar kaken strak op elkaar alsof ze nog steeds wil zeggen dat ze het er niet mee eens is dat ze niet meer met ons verder mag leven.

Als iedereen langzaam afscheid van haar neemt weet ik dat het moment steeds dichterbij komt dat ik mijn lieve mama voor de laatste keer ga zien. Dat ik haar hand, ook al voelt die niet meer als de hare, voor de laatste keer kan strelen.

Mijn neefje is bij mama geweest en komt teruglopen. Hij is opgegroeid in Frankrijk en zijn Frans is dan ook vele malen beter dan zijn Nederlands.

'Ik heb Els zien liggen in die bak,' zegt hij met een zwaar Frans accent en ik moet er heel erg om lachen. Erg bevrijdend voor een moment. Als ik samen met papa, Suus en Fem als laatste naar de kist toe loop, bedenk ik dat hij gelijk heeft. Het is eigenlijk een bak waar mijn moeder nu in ligt. Een bak van hout waar straks een deksel op gaat die nooit meer open kan. Ik vind het erg dat we het zo donker voor haar maken en dat ze het zo koud heeft. Dat dit dan echt het einde is. Ik kijk naar haar, me intens bewust dat dit de laatste keer is dat ik haar zie. Ik prent het beeld in mijn hoofd zodat ik het nooit meer zal vergeten. Als we de deksel met z'n vieren optillen en allemaal een schroef met daarop een witte knop in de hoeken schroeven, druppelen de tranen op het witte hout. Ik heb de neiging om de deksel nog een keertje kort op te tillen. Om nog één keertje te kijken, de allerallerlaatste keer. Maar dat moment is geweest. Vanaf nu is haar gezicht een herinnering.

We hebben mama vanmorgen opgehaald bij de begrafenisondernemer. Voor de zee aan bloemen moest een aparte auto geregeld worden. Wij zitten in de witte auto die achter de auto aan rijdt waar mama's kist in staat. Door de voorruit kunnen we haar zien.

We zeggen niks. Ik ben bloednerveus. We rijden langzaam Hillegom binnen. Het is zaterdagochtend en als ik door het raampje naar buiten kijk zie ik mensen boodschappen doen. Ze sjouwen zware tassen en zijn op weg naar huis of naar een andere winkel. Ik wil met mijn vuisten tegen de autoruit slaan. 'Wacht! Stop! We moeten mama begraven, dus je kunt niet zomaar boodschappen gaan doen!'

Het besef dat alleen onze wereld stilstaat, en voor vandaag ook even die van alle mensen die mijn moeder liefhadden, lijkt onwerkelijk. Sommige mensen stoppen even en kijken op als we langsrijden. Maar ze hebben geen idee van het verhaal dat schuilgaat achter de geblindeerde ramen van de auto. Dat het zweet in mijn handen staat en dat ik geen idee heb hoe we straks de auto uit moeten.

Als we in de buurt van de kerk komen, hoor ik de kerkklokken. Ik vind het mooi dat die speciaal voor haar klinken. Als we het pad van de kerk oprijden zien we dat van alle kanten mensen richting de ingang van de kerk lopen. Ik zie mensen die ik al heel lang niet heb gezien, ik zie collega's, vriendinnen en heel veel mensen die ik niet ken. Jong en oud. De auto staat stil en wij blijven zitten totdat de dienst straks begint. Veel mensen helpen om de overweldigende hoeveelheid bloemen naar binnen te dragen. Wij slaan alles gade vanuit de auto en ik voel me misselijk.

Als het moment daar is dat mama's kist uit de auto gedragen wordt stappen wij ook uit. Een aantal van haar vriendinnen verzamelt zich bij ons omdat zij de kist de kerk in zullen rijden. Wij lopen daar achteraan. Als we de kerk binnenkomen word ik overvallen door het enorme aantal mensen dat gekomen is. Lang niet iedereen kan zitten en veel mensen staan achter in de kerk en aan de zijkanten. Ongeveer duizend mensen zijn hier om afscheid te nemen van mijn lieve moeder. Ik loop naast mijn vader achter de kist. Hij steunt op mij en huilt. 'Autumn leaves' klinkt door de kerk en ik probeer de blik van de mensen aan het gangpad te mijden, maar ik herken veel gezichten. Mensen huilen en kijken ons vol medelijden aan. Ik ben blij als we de voorste bankjes bereiken. Daar zit Michiel al en ik schuif naast hem op de bank en pak zijn hand. Het weer buiten is grijs en onvriendelijk maar als de dienst begint komt de zon door en schijnt door het glas-in-loodraam precies op de eerste rij waar wij samen zitten. Iedereen ziet het en we glimlachen. Ze is erbij.

De dienst is prachtig en precies hoe wij 'm voor ogen hadden. De lieve, diepgaande, persoonlijke en warme woorden beschrijven wie mijn moeder was en wat ze betekend heeft in de levens van velen. Als we de kerk uit lopen klinkt 'She' van Charles Aznavour:

She, may be the reason I survive
The why and wherefore I'm alive
The one I'll care for through the rough and rainy years
Me, I'll take her laughter and her tears
And make them all my souvenirs
For where she goes I've got to be
The meaning of my life is she

Mama wordt begraven op een begraafplaats die aan de andere kant van de winkelstraat ligt. Wij stappen opnieuw in de auto en rijden samen met de bloemen en mama naar de begraafplaats. Onderweg stoppen we even bij de school waar ze met zo veel passie altijd heeft gewerkt. Later horen we dat mensen de kerk nog verlieten terwijl de eersten al bij de begraafplaats aankwamen. Een imposante stoet van minstens 800 meter liep dwars door de winkelstraat van Hillegom. Niet eens iedereen past op de begraafplaats, waar mama's kist, omringd door alle bloemen, boven een diep gat op een aantal houten planken staat. In het hoekje hebben we een mooi plaatsje gevonden en papa heeft ook het graf daarnaast voor alle zekerheid gekocht.

'Ik wil niet hebben dat mama misschien naast iemand komt te liggen waar we niks mee hebben,' zegt hij. Ik glimlach. Niets is goed genoeg voor zijn Els en zijn dochters, al helemaal op dit moment niet. Wij nemen als eerste afscheid van mama. We buigen voorover om een laatste kus te geven op haar kist en alsof we haar gezicht aaien, strelen we met onze handen over het hout.

En dan is het tijd om te gaan. Haar achter te laten, maar voorlopig nog niet alleen, want het duurt nog wel even voordat iedereen haar gedag heeft gezegd, dat scheelt. In de auto maken wij ons op voor het condoleren.

'Moeten we echt al die mensen een hand geven?' vraagt Femke.

'Ja, en dat zou nog wel eens even kunnen duren,' zegt papa. Onze ogen zijn rood van het huilen en de vochtige zakdoekjes zitten in het zakje van mijn nieuwe blazer gepropt. Maar toch voel ik ergens opluchting. We hebben het achter de rug.

'Zou er iemand zijn die gefeliciteerd gaat zeggen in plaats van gecondoleerd?' grappen we met elkaar, want we hebben wel eens gehoord dat mensen zich vergissen. En ja hoor, drie uur later hebben we heel veel handen gedrukt, iedereen omhelsd, gekust en hebben we er vier geteld. Bijzonder dat mensen uit alle hoeken van het land zijn gekomen om mama gedag te zeggen en om ons een hart onder de riem te steken. Hartverwarmend en speciaal voelt dat. Een haast gekke en niet verwachte tegenstelling op deze verdrietige dag, die we uiteindelijk toch heel gezellig en samen met elkaar afsluiten. 's Avonds in bed lig ik tegen Michiel aan en realiseer ik me dat het nu pas begint. We zijn de afgelopen dagen, weken en maanden gedragen door liefde en de handen van mensen om ons heen. Nu moeten we het zelf gaan doen. Ze komt nooit meer terug en ineens is het heel stil.

33.

Het verblijf in het Erasmus Ziekenhuis heeft exact acht dagen geduurd. Vandaag, op woensdag 25 april, mag ik eindelijk naar huis. Het ziekenhuis is niets voor mij. Ik heb me er de afgelopen dagen zo beroerd gevoeld. Het eten was zo miserabel slecht en de hele atmosfeer maakt het er verre van beter op. Vandaag mag ik naar huis en mijn vader en zusjes moeten zeker drie keer naar de auto lopen om alle spullen die ik gekregen heb tijdens mijn ziekenhuisverblijf weg te brengen. Elke dag nam mijn vader vanuit Hillegom een stapel post mee. Maar ook in het ziekenhuis werd ik elke dag voorzien van lieve woorden. Van kaarten en knuffels tot lekkere crèmepjes en een chocoladetelegram. In het weekend werd een enorme doos bezorgd. Iedereen, inclusief verpleging, was nieuwsgierig wat erin zat. Toen we de doos openmaakten schoot er een enorme ballon uit met een lief kaartje van mijn neef en nicht en hun gezinnen. Het is bizar hoeveel mensen aan me denken. Ouders van vriendinnen, mensen die ik misschien één keer heb gezien of helemaal nog nooit. Na een aantal dagen is er op beide prikborden geen ruimte meer over, moet je je een weg banen door alle ballonnen die er rondom mijn bed staan en kost het veel tijd om alle bloemen en planten water te geven. Wat voel ik me rijk.

Ik lig nu in de slaapkamer van mijn vader, dezelfde kamer waar mama overleden is. De slaapkamer beneden. Nu nog alleen mijn vaders slaapkamer. Ik word door iedereen in de watten gelegd. Ik mag kiezen wat we gaan eten. Wat een feestje is dat, na die week in het ziekenhuis! Het is heerlijk weer buiten, dus papa zet de schuifpui lekker open. Het zonlicht valt op mijn gezicht. Ik weet wel zeker dat ik hier sneller op ga knappen dan in Rotterdam. Morgen is Suzanne jarig, ze wordt 21. Een bijzondere leeftijd, maar Suus is niet iemand die graag haar verjaardag viert. Toch komen er wat vrienden en familie, dus dat is gezellig. Ik eet die dag zelfs iets van de barbecue en ben blij een aantal mensen te zien.

Suzanne, Femke, Michiel en papa zijn er elke dag. Papa komt vaak 's middags even thuis lunchen en kookt elke avond. Femke studeert thuis voor haar examens en Suzanne, die inmiddels ook in Utrecht woont, komt vaak gezellig naar huis. Michiel is er vaak na zijn werk en verdeelt zijn tijd over mij en zijn nieuwe huis dat opgeleverd is en waar hij lekker aan het klussen is. Het is zo fijn om ze om me heen te hebben en ze zorgen heel goed voor me. Er komen ook veel vriendinnetjes en familie langs. We hebben daarvoor een strak schema, zodat ik niet al te vermoeid raak en tijd heb om te rusten. Stiekem heb ik een *Gooische Vrouwen*-verslaving ontwikkeld door alle dvd's die ik van de serie heb gekregen. Mijn zusjes en ik vermaken ons prima als er niemand is. Het blijft ook heerlijk weer, dus ik zit veel in de tuin.

Ik mag met alle wonden helaas nog niet zomaar onder de douche gaan staan, maar wat heb ik daar een behoefte aan! Ik wil zó graag mijn haar wassen en weer een beetje fris ruiken, dat ik het aanbod van mijn lieve vriendinnetjes om mij te komen douchen met beide handen aangrijp. De een is verpleegkundige, de andere is in opleiding voor arts. Dat moet dus goed komen. Ze plakken speciale waterdichte stickers op alle wonden en zetten me naakt op een krukje onder de douche. Het water dat over mijn lichaam stroomt voelt heerlijk. Alle gêne heb ik na een week Erasmus blijkbaar overwonnen!

Op Koninginnedag, vijf dagen nadat ik thuis ben gekomen, viert iedereen feest. Michiel gaat lekker met vrienden naar Amsterdam en ook mijn zusjes vieren het met vriendinnen. Ik blijf thuis met papa en kijk voor het eerst van mijn leven naar de koningin op televisie. Papa stelt voor om een oranjetompouce te gaan eten in het dorp en ik vind het een prachtig plan. Ik ben nog niet uit huis geweest, maar voor alles moet een eerste keer zijn.

Ik vraag papa mijn fijne witte rok van boven te halen, een shirtje en uiteraard mijn oranje gympen die ik bewaar voor Koninginnedag en wedstrijden van het Nederlands elftal.

Voordat ik geopereerd werd zat mijn witte rok aan de bovenkant best strak. Ik moest mijn buik altijd inhouden om de rits dicht te krijgen. Vandaag trek ik de rok zo over mijn billen. Als ik de rits dichtdoe en de rok loslaat valt die vanzelf weer op mijn enkels. Ik sta ernaar te kijken en realiseer me nu pas hoeveel ik afgevallen ben de afgelopen weken. Helaas is dat niet alleen het geval met het vet dat zich rond mijn buik en billen verzameld had. De zwelling in mijn borsten is afgenomen en daarmee zijn mijn nieuwe borsten zeker twee maten kleiner. Over het formaat heb ik dus iets te vroeg gejuicht. We veranderen de outfit, maar ik lijk wel een vogelverschrikker. Alles is te groot. Uiteindelijk stappen we toch in de auto en drinken op het terras heerlijk een kopje thee en eten een tompouce. Ik ben trots dat het me lukt en voel me sterk. De beste Koninginnedag in jaren!

34.

Dat mijn herstel hier thuis sneller gaat dan in Rotterdam is letterlijk van levensbelang omdat tegelijkertijd met mijn ontslag uit het Erasmus Ziekenhuis een van mijn beste vriendinnen, Ireen, juist wordt opgenomen in het voor haar (en ons) helaas zo bekende Antoni van Leeuwenhoek ziekenhuis.

Op 12 december 2005 wordt Ireen wakker met buikpijn. Ze brengt een bezoek aan haar huisarts, die haar voor de zekerheid doorverwijst naar de EHBO. Daar belandt ze van een echo nog dezelfde dag op de operatietafel voor een kijkoperatie. Aan het einde van de dag komt de dokter Ireen vertellen, met haar moeder, vriend en haar vriendinnen bij haar, dat ze eierstokkanker heeft. Ze is dan 29. Op het moment dat we daar met z'n allen in haar ziekenhuiskamer zitten en van haar dokter de boodschap krijgen, blijft ze herhalen hoe erg ze het voor mij vindt na alles wat ik heb meegemaakt. Gekkie.

Ireen was zo'n vriendinnetje waarvan je er in je leven maar een paar tegenkomt. Ze was zeven jaar ouder dan ik toen ik haar in 2001 leerde kennen. Ik was toen net gaan werken bij het restaurant in Hillegom waar ik ook Michiel had leren kennen. Ik was toen vijftien, hij twintig. Na de filmavond bij hem thuis hadden we drie weken 'iets' gehad, maar dat zag hij al snel niet meer zitten. Hij maakte het uit en mijn eerste portie liefdesverdriet was een feit. Ik was nog heel erg verliefd op hem. Op een middag zaten we in datzelfde restaurantje koffie te drinken, iets wat we zeer regelmatig deden. Ireen wilde me iets vertellen. 'Iedereen weet het al weken,' zei ze. 'Alleen jij nog niet, niemand durft het je te vertellen - dus doe ik het. Michiel heeft verkering met iemand anders.' Ik was ontroostbaar, maar zij was degene die het lef had getoond om het me toch te vertellen en zo werden we vriendinnen. Gelukkig kwam het ook niet lang daarna weer goed met Michiel. Elke donderdag, vrijdag en zaterdag gingen we samen met Maartje, een andere vriendin die ik daar leerde kennen, en vaak nog andere vrienden naar de plaatselijke kroeg. Zelfs toen ik naar Utrecht verhuisde is de band met Irene en Maartje altijd heel hecht gebleven. Wat was ze trots toen we met z'n drieën naar de 'Sex and the City Farewell Party' gingen en iedereen haar aanzag voor de lookalike van de hoofdpersoon uit de serie, Carrie.

Ik ben inmiddels een aantal dagen thuis als mijn telefoon gaat. Op het schermpje zie ik de naam staan van een ander vriendinnetje van Ireen, dus ik hoop dat ze nieuws heeft. Dat heeft ze, maar het is niet het nieuws waar ik zo op gehoopt had. Ze vertelt dat Ireen vanuit het Antoni van Leeuwenhoek Ziekenhuis naar huis wordt gebracht. In het ziekenhuis kunnen ze niets meer voor haar doen. Als ik ophang stromen de tranen over mijn wangen. Het snikken doet ontzettend veel pijn aan alle wonden en ik krijg nauwelijks adem meer. Ireen gaat dood.

Op haar 31ste verjaardag, 19 juni 2007, hebben we Ireen begraven op dezelfde begraafplaats waar mama ligt.

Ireen heeft haar ziekte altijd met heel veel kracht gedragen. Ze was zo vastberaden om beter te worden. Ze stond ook altijd vierkant achter mijn beslissing om het genonderzoek te laten doen.

'Je moet voorkomen dat je straks zelf in mijn positie zit,' zei ze altijd. Ook toen ik het moeilijk had met de vraag of ik het door moest zetten vanwege alle weerstand die er was, hebben we er veel over gepraat. Ze heeft me altijd gemotiveerd en geïnspireerd om door te gaan.

Ireen woonde in een fijn huisje op de bovenste verdieping van een appartementencomplex. Ook in Hillegom. In het complex is geen lift, alleen een aantal grote stenen trappen naar de bovenste verdieping. Niet alleen een probleem voor mij als ik haar op wil zoeken omdat ik nog geen trap kan lopen, maar vooral voor haar. Ze moet door de brandweer vanuit de ambulance haar huis in getakeld worden. Ik lig in bed, een paar straten verderop en kan niets voor haar doen. Ik kan zelf nauwelijks een kant op maar ik word beter. Ik voel me elke dag beter. Ik heb mijn kans gegrepen om gezond te blijven. Ireen is overvallen door de ziekte en moet door de brandweer naar binnen getakeld worden zodat ze haar laatste dagen door kan brengen in haar eigen huis. We zijn 22 en 29 jaar jong. We zouden toch eigenlijk plezier moeten maken in plaats van ziek te zijn en bezig te zijn met doodgaan (en in mijn geval het voorkomen daarvan). Ik stuur haar elke dag een kaartje met alles wat me bezighoudt en wat ik aan haar kwijt wil.

De laatste keer dat ik Ireen zie is op 28 mei 2007, tijdens onze 'PickNicky'. Dat woord heeft ze verzonnen tijdens onze mailsessies. Zij nog steeds vanuit haar bed, ik steeds vaker vanuit de tuin. Ik heb allerlei lekkere dingen gekocht waar ze trek in heeft en we gaan gezellig bij haar thuis picknicken. Ze neemt van alles één hapje maar we hebben een heel bijzondere en fijne middag. De grootste lol hebben we om die lelijke sportbeha's die ik nog steeds moet dragen. Maar dan wordt ze ineens heel verdrietig en ik vraag haar wat er aan de hand is. Ze vertelt dat ze mama in de tijd dat het zo slecht met haar ging een brief heeft gestuurd. Daarin heeft ze geschreven: 'Ik zal er altijd zijn voor Nicky, wanneer ze een schouder nodig heeft om op te huilen, wanneer ze een hand nodig heeft om haar door moeilijke tijden te slepen of gewoon wanneer ze even lekker wil lachen. Ze kan altijd op mijn vriendschap rekenen...' Ze is nu zo verschrikkelijk verdrietig omdat ze vindt dat ze zich niet aan die belofte gehouden heeft, omdat ze doodgaat en er niet meer altijd voor mij zal zijn.

Niet alleen nu maar ook tijdens de begrafenis vertel ik haar dat ze zich geen zorgen hoeft te maken. Wij hebben een vriendschap waar je zo veel méér energie en blijheid uit haalt dan je erin steekt. Een vriendschap van gelijkwaardigheid, vertrouwen en eerlijkheid. En van die échte vrienden heb je er altijd maar een paar. Noor schreef me ooit eens: 'Vriendschap is geluk hebben. Ook al heb je veel verloren.' En daar heeft ze gelijk in. Bijna verliefd kan het soms voelen na een fijne avond met vriendinnen. Noor was ook degene die me het gedicht gaf dat ik voor Irene heb gelezen in de kerk.

35.

Vrienden zijn als bomen
En wachten
tot je nog eens langskomt
Ze zijn onverstoorbaar
als je wegblijft
Zelfs na maanden van afwezigheid
Kun je de draad
weer opnemen
Omdat ondertussen
Niets wordt afgebroken

Vrienden zijn als bomen
Op een goede afstand
van elkaar geplant
Zo moeten ze elkaar niet betwisten
Ze kennen ook geen afgunst
Maar nodigen elkaar juist uit
hoger te groeien

Vrienden zijn als bomen
En bomen buigen niet,
Ze wuiven...

Eugeen Laridon

36.

Iedereen gaat anders om met de boodschap dat hij of zij ziek is, of dat nu ongeneeslijk is of niet. Dat blijkt ook duidelijk als mijn moeder in 2003 gevraagd wordt om mee te werken aan een documentaire over Les Vaux. Dat is een landgoed waar mensen met kanker terechtkunnen, vlak bij de Franse plaats Clermond-Ferrand. Mijn moeder had zich samen met haar zusje Simone opgegeven om daar een weekje naartoe te gaan. Ze benaderen onder anderen mama en Simone om te vragen of ze die week een portret van hen mogen maken. Na uitgebreide gesprekken besluit mijn moeder dat ze dat wil doen. Simone kiest ervoor om niet mee te gaan. Voor haar is het televisieprogramma moeilijk en ze wil haar verdriet en gevoel liever niet delen met zo veel mensen.

Trots vertelt mama het aan iedereen die het wil horen: 'Ze hebben me gevraagd voor een televisieprogramma'. Optimistisch pakt ze haar tas in. Ik ben trots op haar als we haar wegbrengen. Ze is ongeneeslijk ziek maar ze stapt wel alleen in de trein naar Frankrijk en dat vind ik moedig. Als we drie dagen later een rondvaart maken voor mijn oma's verjaardag wordt papa gebeld door mama.

'Ik wil zo graag een lekker wijntje drinken en een stokbroodje eten met Franse kaas. Genieten. Maar hier krijg ik alleen macrobiotische appelsap. En ik moet de hele dag praten en schilderijen maken over mijn gevoelens. Ik denk dat ik naar huis wil.' Papa zegt maar één ding: 'Je moet weggaan als je het gevoel gaat krijgen dat je door die omgeving jezelf gaat verliezen.'

En dat doet ze.

De redactie kan zich vinden in haar besluit om naar huis te gaan en zo vertrekt mijn moeder drie dagen later alweer uit Frankrijk. Midden in de opnames van het programma, gewoon omdat het niet bij haar past. Omdat de manier hoe ze daar de ziekte kanker benaderen niet de hare is.

Als ze thuiskomt vraag ik haar wat er gebeurd is, we willen dat allemaal wel weten want ze had er zo veel zin in. Ze doet het af met het grapje over de macrobiotische appelsap die ze moest drinken.

'Ik was daar de therapeut,' vertelt ze, 'en ik had daar gewoon geen zin in. Die mensen waren écht ziek die daar zaten.'

'Ja maar, mam,' vraag ik haar, 'jij bent toch ook écht ziek?'

Het eerste moment waarop ik me een beeld kan vormen van wat er daar gebeurd is, is als wij, mijn moeder en ons hele gezin, door de documentairemakers uitgenodigd worden om te komen kijken naar het resultaat van de opnames. Ze hebben in totaal twee uitzendingen gemaakt en mijn moeder staat in de eerste aflevering centraal. Ik zie mama opgewekt binnen komen lopen met haar bijna kale hoofd. Ze heeft er zin in totdat ze aan het schilderen wordt gezet. Ze moet een schilderij maken van de gevoelens die bij haar opkomen. Ze moet praten over haar gevoelens. Ze moet daar vooral heel veel dingen doen die niet bij haar passen en ik snap dan ook gelijk waarom ze weggegaan is. Dit is niet hoe mama om wil gaan met haar ziekte. Ze wil krachtig zijn en dat uitstralen. Voor haar horen daar geen groepstherapieën en creatieve sessies bij. Door zo diep te graven komt het te dichtbij voor haar.

Dan zie ik beelden van mama in een groepsgesprek, omringd door mensen die ik niet ken. Ik kijk naar haar. Ze zit met haar armen over elkaar, haar schouders hoog opgetrokken.

'Al drie generaties zit borstkanker bij ons in de familie en ik heb drie dochters. Dat is moeilijk. Ze weten dat er een grote kans is dat ze het krijgen en dat ze daar dan hun maatregelen tegen zullen moeten nemen. Dat weten zij ook wel.' Haar mond vertrekt als ze het over ons heeft en met haar wijsvinger veegt ze een traan uit haar ooghoek weg. Ze trekt haar schouders nog hoger op en pantsert zich tegen de tranen en het verdriet. 'Ik ben er al vanaf mijn puberteit mee geconfronteerd en voor mij zijn borsten geen mooie vrouwelijke dingen, nee. Voor mij zijn het bommen. Ja, bommen. Ze moeten gewoon weg. Ik wilde ze ook weg hebben, maar dat mocht niet van de doktoren.'

37.

Mijn moeder heeft ons altijd verteld dat ze de artsen heeft gevraagd om haar borsten preventief weg te laten halen na de geboorte van Femke in 1989. 'Maar dat mocht niet van de artsen,' zei ze dan. Toen mama ongeneeslijk ziek bleek te zijn ben ik altijd heel boos geweest op die arts die haar dat destijds geweigerd heeft. Daarom was mijn moeder ziek geworden en ging ze nu dood.

Toch blijkt dat achteraf iets genuanceerder te liggen. Volgens papa en Jos had mama destijds een heel uitgesproken wens om haar borsten weg te laten halen. Met die wens heeft ze zich gemeld bij haar arts in het Antoni van Leeuwenhoek Ziekenhuis. In een gesprek met hem, waar niemand van ons bij is geweest, heeft de arts mama gewezen op haar risico op borstkanker. In 1990 werd die kans geschat op 15 tot 20 procent omdat over het erfelijk borstkankergen nog niets bekend was. Haar arts wilde haar borsten wel weghalen maar heeft haar waarschijnlijk de vraag gesteld of zo'n radicale en ingrijpende operatie opwoog tegen zo'n kleine kans om kanker te krijgen en de mogelijkheid om jaarlijks intensief gecontroleerd te worden.

Natuurlijk had ik gehoopt dat ze op haar kop was gaan staan in het kantoor van haar arts. Dat ze de gang bij elkaar had geschreeuwd, dat ze hem gesmeekt had haar borsten te verwijderen. Dat er inderdaad, zoals ze me altijd verteld had, een second opinion was van een andere arts die het haar tevens weigerde. Maar dat is niet gebeurd. Haar arts heeft haar verteld over de mogelijkheden maar plaatste dat tegelijkertijd - logisch ook - in de tijdgeest van 1990. Deze operatie was voor die tijd compleet ongebruikelijk en de medische wereld zag er toen ook nog niet het nut van in. Dat borstkanker erfelijk zou zijn was immers niet aangetoond en daarom werd het risico om borstkanker te krijgen veel lager ingeschat dan het in werkelijkheid was. Voor mij was de keuze snel gemaakt, maar dat was omdat ik zeker wist dat mijn kans op borstkanker tussen de 60 en 80 procent ligt, omdat aangetoond kon worden dat ik draagster ben van het BRCA1-gen.

Had ik ervoor gekozen om mijn borsten weg te laten halen als ik had gehoord dat mijn kans op borstkanker rond de 20 procent zou liggen? In alle eerlijkheid: ik zou het niet weten. Mama heeft ervoor gekozen om het niet te doen. Voor haar waren de intensieve controles voldoende om met haar borsten verder te leven. Maar het nieuws dat ze daadwerkelijk borstkanker had, acht jaar later, moet als een bom zijn ingeslagen. Hoe vaak moet ze het niet bedacht hebben: had ik toen toch maar...

Ik denk aan de speech die mijn vader op zijn vijftigste verjaardag hield. Met een fles champagne in zijn hand en een idiote blauw-rode muts met het grote getal vijftig erop vertelde hij zijn liefste vrienden en familie dat zijn dochter binnenkort de kans zou grijpen die haar moeder nooit had gehad. Ik had toen nog een maand te gaan totdat ik opgenomen zou worden voor mijn borstamputatie.

'Ik weet zeker dat haar moeder heel erg trots is dat zij deze kans grijpt.' Heel veel mensen hebben dat destijds tegen me gezegd: 'Jij bent geboren in een tijd waarin je zelf kunt kiezen wat je met je lichaam doet. Jouw moeder had destijds geen keuze. Jij neemt het heft in handen.'

En zo voelde ik dat ook.

Ondanks het feit dat we weten dat mama toch zelf heeft besloten om de operatie niet te laten doen, ben ik ervan overtuigd dat ze achter mijn beslissing zou staan, dat ze trots op me zou zijn en dat ze me, als ze nog geleefd had, gesteund had. Maar ik heb niet langer het gevoel dat ik de kans gegrepen heb die zij nooit gekregen heeft. Zij kreeg die kans ook, maar in een heel andere tijd en besloot het niet te doen omdat de omstandigheden zo anders waren dan ze nu zijn. Ik heb de kans gegrepen waarvoor ik zelf keihard gevochten heb en waarvan ik weet dat zij die, als ze in 2006 had moeten kiezen in plaats van in 1990, met beide handen aangegrepen had.

38.

Als ik een aantal weken thuis ben, kom ik in contact met de redactie van *Pink Ribbon Magazine*. Een magazine dat gemaakt wordt door Sanoma Media en waarvan de gehele opbrengst naar Stichting Pink Ribbon gaat. Een prachtig initiatief. Ze besteden in het magazine van oktober 2007 aandacht aan erfelijke borstkanker en vragen of ze mijn verhaal mogen publiceren. Dat is wel een heftige vraag en ik moet er even over nadenken. Ik heb mijn verhaal altijd heel open met mijn omgeving gedeeld maar in een tijdschrift is toch wel weer iets anders. Dan kan iedereen het lezen en weet ook iedereen wat me overkomen is. Aan de andere kant was het afgelopen jaar zo verschrikkelijk moeizaam. Kostte het zo veel energie om een arts te vinden die geloofde in mijn overtuiging dat het weghalen van mijn borsten voor mij de enige juiste keuze was. Dat is voor mij de belangrijkste motivatie om het uiteindelijk te doen. Mijn verhaal te delen en er zo hopelijk voor zorgen dat het in de toekomst een gemakkelijker bespreekbaar onderwerp wordt.

De redactie is op dat moment al bijna klaar met het magazine, maar er wordt ruimte vrijgemaakt voor mijn verhaal en er komt zelfs een echte fotoshoot aan te pas. Ik mag de tekst grotendeels zelf schrijven en dat vind ik fijn. Zo blijf ik dicht bij mijn eigen gevoel en beleving.

Eind september wordt het blad gepresenteerd. Samen met Michiel ga ik naar restaurant De Kas in Amsterdam. Daar wordt een ontbijt georganiseerd ter ere van de nieuwe editie en ik word gevraagd om daar te vertellen wat mijn verhaal is en waarom ik in het blad sta. Gelukkig stoppen de camera's van programma's als RTL *Boulevard* even met draaien want ik ben natuurlijk geen BN'er en dus voor hen niet relevant. Het ontspant me. Ik vind het spannend om voor al die mensen te vertellen dat ik een halfjaar daarvoor ben geopereerd. Ik kijk naar Michiel en hij glimlacht. Voor hem hoeft dit niet zo, maar toch is hij denk ik wel trots op me. We staan als het goed is ook samen in het blad. De redactie wilde ook graag een foto van ons samen, maar ik heb nog niet gezien hoe het artikel eruitziet. Ik heb alleen de foto's en de tekst aangeleverd, dus ik kan niet wachten totdat ik het blad straks in handen heb!

Na mij komt Halina Reijn aan het woord en de camera's beginnen weer te draaien. Ze zingt een prachtig lied en mag daarna de cover onthullen waar ze zelf op staat. Als ze het doek van de levensgrote cover trekt, schrik ik me kapot. Niet van Halina Reijn, maar wel van een klein tekstje daarnaast: 'Nicky (23) liet haar borsten preventief verwijderen'. Mijn naam staat op de cover van het magazine en ik lach zenuwachtig. Dit is echt. Als we het blad eindelijk in handen hebben blader ik snel door naar mijn artikel. Een foto van mij op het strand die de hele linkerpagina vult. Het hele artikel is wel vijf pagina's met foto's erbij van mama, papa, Suzanne, Femke en Michiel. Het is zo vreemd om een blad in handen te hebben waar je zelf in staat.

Er tikt iemand op mijn schouder en als ik me omdraai staat er een vrouw met kort donker haar voor me. Ze heeft het hele evenement van die ochtend georganiseerd en vraagt of ik die avond tijd heb om naar de studio van BNN te gaan in Hilversum voor een interview op de radio en de volgende ochtend willen ze me graag in *Koffietijd* hebben, samen met de hoofdredacteur. Ik word van alle kanten gecomplimenteerd met mijn speech en het artikel. Ik ben stomverbaasd. En trots, dat ook. Nog geen halfjaar nadat ik een van de belangrijkste beslissingen van mijn leven heb gemaakt sta ik hier. Vol energie. Klaar voor de rest van mijn leven.

Ik krijg haar kaartje. 'Als je ooit een baan zoekt in de communicatie, bel me!' Ruim een jaar later, als ik afgestudeerd ben, word ik door haar aangenomen als junior consultant.

Na de presentatie in Amsterdam ga ik weer terug naar Utrecht. Als ik over het station loop zie ik dat de hele etalage van de AKO op Utrecht Centraal gevuld is met het nieuwe *Pink Ribbon Magazine*. Ik blijf staan en bekijk de cover. Ik zie mijn naam. Er loopt een jonge vrouw de winkel uit met het blad in haar hand. Ze heeft misschien de cover wel gelezen maar heeft geen idee dat ik dat meisje ben. Gek dat ik het gevoel heb dat ik geen geheimen meer heb omdat mijn hele verhaal in een magazine staat dat iedereen kan kopen en lezen, maar dat ik me tegelijkertijd juist ook heel anoniem voel.

Op het artikel komen ontzettend veel mooie en positieve reacties. Via de mail, via de post, op mijn blog die ik wekelijks bijhoud, maar ook via de redactie van het tijdschrift. Sommige brieven zijn wel een aantal kantjes lang en het verbaast me dat mensen echt alles durven te vragen. Wat me opvalt aan de brieven is de vaak moeilijke familieomstandigheden die mensen omschrijven. Ruzies in families over wel of geen genonderzoek, onbegrip, mensen die zich heel alleen voelen staan in hun beslissingsproces maar ook mensen die al jaren weten dat ze gendraagster zijn maar geen idee hadden van de operatie zoals ik die heb ondergaan.

Extra blij word ik als ik denk aan de openheid in onze familie, maar ook aan de manier waarop papa, Suus, Fem en Michiel me gesteund hebben. Want zo vanzelfsprekend is dat blijkbaar nog niet.

39.

Borsten zonder tepels zijn niet af. Die conclusie trek ik al snel als ik na een aantal maanden weer opgeknapt ben. In het Erasmus Ziekenhuis vonden ze destijds het risico van het bewaren van je tepels in je lies, nipple banking, nog te groot, dus werden mijn tepels ook verwijderd. Daarom zijn mijn borsten nu nog heel erg kaal, echt alsof er iets mist.

Mijn arts verhuist naar Canada en voordat hij gaat wil hij nog graag mijn tepels maken. Het kersje op de taart, bijna letterlijk. Ik wil ook graag dat hij ze nog kan maken, dus mag ik me in augustus, midden in de zomer, melden op de dagbehandeling van de chirurgie. De dokter doet de ingreep vrij gemakkelijk voorkomen: 'Ik snijd een vierkantje in je borst en daar vouw ik een doosje van. Daar bind ik een touwtje omheen en dat wordt je tepel. Daarna worden ze getatoeëerd in een echte tepelkleur, zodat ze niet meer van echt te onderscheiden zijn.'

Klinkt inderdaad heel gemakkelijk. Als ik met mijn naakte bovenlijf op de behandeltafel lig heb ik er zin in. Ik ga straks naar huis met twee nieuwe tepels en dan zijn mijn borsten eindelijk klaar.

'Tatoeëren we ze dan ook gelijk vandaag?' vraag ik hem. Hij kijkt me aan en fronst zijn wenkbrauwen.

'Nee,' antwoordt hij. 'Dit moet eerst genezen en pas daarna kan het traject met tatoeages starten.' Ik ben een piepklein beetje teleurgesteld. Ik had gehoopt dat ik naar huis zou gaan met kant-en-klaar gekleurde tepels, maar helaas. Ik heb geen gevoel meer in mijn borsten, dus merk een kwartiertje later nauwelijks dat hij al begonnen is. Als ik me een beetje opricht om te kijken hoe het wordt schrik ik me kapot. Ik kijk zo in de binnenkant van mijn borst. Ik zie bloed en een flapje huid. Ik ga snel weer liggen. Voel me een beetje weeïg. Ik dacht dat ze dit even tussendoor zouden doen, maar de verpleegkundige merkt op dat het eigenlijk een echte operatie is. Daarvan ben ik me inmiddels bewust, dus blijf ik liggen en staar geïnteresseerd naar het plafond. Ineens heb ik iets minder praatjes...

Als hij klaar is trekt hij zijn latex handschoenen uit en mag ik het resultaat bekijken. Ik schrik me kapot. Op mijn kale borst zit ineens een enorme tepel, een echte knop. Zo groot dat ik zeker weet dat als ik een beha met vulling draag nog steeds iedereen denkt dat ik het steenkoud heb. Hij ziet mijn verschrikte gezicht maar verzekert me dat dat helemaal goed komt. Het moet inzakken en blijft niet zo groot, stelt hij me gerust.

'Ik ga je nu laten zien hoe je de wonden de komende zes weken moet verzorgen,' zegt hij, en ondertussen zie ik hem een stukje van een plastic bekertje afknippen. Geen plastic koffiebeker maar eerder zo'n bekertje dat op een fles hoestsiroop zit. Als hij een tweede bekertje knipt begin ik ongerust te worden.

Met de twee bekertjes, gaasjes en pleisters loopt hij naar me terug. 'Je moet deze bekertjes de komende zes weken op je tepels dragen om ze te beschermen en te laten genezen,' zegt hij.

'Maak je nou een grapje?' vraag ik hem. 'Ik ga op vakantie, daar heb ik een bikini aan en daar is geen ruimte voor twee tepelbekertjes.' Maar helaas, de bekertjes moet ik dragen en hij laat me zien hoe je de bekertjes vastzet. Het is geen gezicht, want je ziet ze dwars door mijn shirtje. Wie bedenkt nou toch zoiets? Dat kan toch alleen een man zijn!

Ik ben altijd al iemand geweest met weinig geduld. Als ik iets graag wil is het liever gisteren dan morgen. Als we het ziekenhuis uit lopen ben ik niet helemaal happy. Weer zes weken met pleisters en verband aan de slag (om over de bekertjes nog maar te zwijgen) en dan moet ik daarna nog wachten op de tatoeages. Het duurt ook zeker nog wel een paar maanden voordat de behandelingen kunnen beginnen. De wonden van de tepels moeten eerst helemaal genezen zijn. In mijn perceptie van hoe snel ik wil dat dit soort dingen gaan, is dit een tegenvaller te noemen.

Gelukkig krijgt de dokter wel gelijk. De tepels zakken na een aantal weken in maar blijven er daardoor wel heel 'echt' uitzien. Ik kan me nog herinneren dat mama's tepels destijds helemaal getatoeëerd waren, die hadden geen knopje. Die heb ik wel en na de eerste behandelingen met tatoeages zijn ze zelfs mooier te noemen dan de tepels die ik had.

Naar de eerste afspraak neem ik mijn vriendinnetje Mirte mee. Een tatoeage kun je er namelijk niet meer afpoetsen, dus het is belangrijk dat er een vrouwelijk oog meekijkt naar de kleur van mijn nieuwe tepels en vooral naar de grootte ervan. Als je ze dan mag kiezen moet je het goed doen, vinden we.

De huidtherapeut tekent de tepel die ze in gedachten heeft af en samen met Mirte bekijk ik het voorstel. We kunnen ons er wel in vinden, dus mag ze starten. Ze mengt allerlei tepelkleuren bij elkaar die ze vindt passen bij mijn huid en gaat aan de slag. Ik vind het resultaat prachtig! Ze zijn niet van echt te onderscheiden. Enige verschil is dat deze niet meer functioneren. Het positieve daaraan is wel dat ik een van de weinige mensen ben die vrolijk kletsend op de behandeltafel ligt omdat ik van het zetten van de tatoeages gelukkig niks voel. Mijn borsten zijn weer compleet en dat maakt me blij.

40.

'Heb het leven lief' was mijn moeders motto. Het is een liedje gezongen door Liesbeth List. Een van de mooiste liedjes ooit geschreven, vind ik. Dat Liesbeth List het ooit live, speciaal voor ons zou zingen, had ik nooit verwacht, maar dat gebeurde wel. Naar aanleiding van het artikel in *Pink Ribbon Magazine* werd ik benaderd door de redactie van het programma van Hella van der Wijst, *De Wandeling*. Ze wilde graag een uitzending met mij maken. Televisie, weer een hele nieuwe stap en ik moest er wel even over nadenken. Ik moest denken aan het programma waar mama in zat. Zo wilde ik het niet. Ik wilde niet voor de camera tot het uiterste gedreven worden. Ik wilde wel praten, maar ik benadrukte al in het voorgesprek dat ik geen tranen wilde. Die zouden ze ook niet zien. Geen emotioneel en kwetsbaar verhaal, maar sterk en positief.

En zo begonnen we aan de wandeling door het bos. Hella is een bijzonder warme vrouw en ik voelde me erg op mijn gemak bij haar. Praten over mijn eigen situatie, mijn eigen beslissing en de operatie ging me bij haar makkelijk af. Zonder daar emotioneel over te worden kon ik alle details met haar delen. Maar zodra het gesprek over mama ging merkte ik dat ik minder stabiel was. De emoties kwamen naar boven maar ik wilde me ertegen wapenen. Geen tranen, had ik gezegd en dat wilde ik ook niet. We praatten over mama en hoe bijzonder ze voor me was. Ook papa wandelde een stuk mee omdat Hella met hem wilde praten over hoe hij het afscheid van mama en mijn beslissing voor de operatie had beleefd.

'Nicky heeft gekozen om te leven en om ouder te worden dan haar moeder. En wij hebben haar daar altijd in gesteund,' zegt hij.

We sluiten de opname af door een aantal shots te nemen van papa en mij samen. We worden naar een gebouw geleid en lopen daar nietsvermoedend naar binnen. Als we over de drempel stappen horen we de eerste pianoklanken van een voor ons wel heel bekend lied. En daar zie ik Suus, Femke en Michiel staan. En nog meer verrast ben ik door Liesbeth List, die voor een prachtige vleugel staat en haar lied, mama's lied, begint te zingen. Prachtig en zo bijzonder!

41.

Op een dag word ik gebeld door Aart Zeeman, presentator van het actualiteitenprogramma *Netwerk*. Hij wil zich in Nederland hard maken voor het toestaan van embryoselectie, officieel Pre-implantatie Genetische Diagnostiek (PGD) genoemd. Dat houdt in dat mensen die drager zijn van een gen dat leidt tot een erfelijke ziekte, kinderen kunnen krijgen die dat gen niet dragen. Als een echtpaar graag kinderen wil maar dat niet op de natuurlijke wijze voor elkaar krijgt, dan kan gekozen worden voor een ivf-behandeling. Bij zo'n behandeling worden buiten de baarmoeder embryo's gekweekt waarvan er vervolgens een aantal teruggeplaatst worden bij de moeder. Het is dan te hopen dat het embryo, dat dan nog slechts uit een aantal cellen bestaat, verder groeit in de buik en negen maanden later als een 'gezond' kind ter wereld komt. PGD werkt volgens hetzelfde principe als ivf. Door middel van een gentest wordt bekeken welke embryo's - die buiten de baarmoeder gemaakt zijn - geen drager zijn van het erfelijke gen, en alleen die embryo's worden teruggeplaatst. Als hieruit een volwaardige zwangerschap ontstaat, dan betekent het dat je zwanger bent van een kind dat geen drager is van de erfelijke afwijking. In dat opzicht dus een gezond kind.

Als Aart me vertelt over PGD vind ik het prachtig. Ik heb er nog nooit van gehoord, maar dat deze techniek bestaat vind ik het einde.

'Maar wat is dan het probleem?' vraag ik hem. 'Als het bestaat, waarom moeten we er ons dan nog voor inzetten?' Hij vertelt dat de techniek inderdaad wel bestaat, maar dat die in Nederland niet toegepast mag worden bij mensen die drager zijn van het erfelijk borstkankergen. Daarom gaan veel vrouwen in een dergelijke situatie de grens over naar België omdat deze behandeling daar wél mogelijk is. Alleen valt die dan vaak niet onder de verzekering. Bovendien is het een enorm zwaar traject waar koppels dan ook nog eens voor naar het buitenland moeten gaan. Ik kan me voorstellen dat dat inderdaad niet prettig is.

In Nederland is op dat moment embryoselectie alleen toegestaan als het 100 procent zeker is dat je ziek wordt als je drager bent van een bepaald gen. Je kunt dan bijvoorbeeld denken aan de ziekte van Duchenne.

'En als je drager bent van de BRCA-genmutatie, dan is je kans op borstkanker tussen de 65 en 85 procent en dan kom je in Nederland dus niet in aanmerking voor deze behandeling,' vertelt Aart. Ik ben met stomheid geslagen: Maar 85 procent?! Het lijkt me meer dan genoeg...

Aart wil een *Netwerk*-uitzending maken over het onderwerp en vraagt of ik daarin mijn verhaal wil doen. Ik vind het belangrijk dat mannen en vrouwen die drager zijn op een bepaald moment een eigen keuze moeten kunnen maken. Ik vind het belangrijk dat embryoselectie daar deel van uitmaakt en ik zeg daarmee niet dat ik embryoselectie per definitie de juiste keuze vind. Maar mannen en vrouwen die zo'n zwaar traject in willen gaan om (op dit vlak) gezonde kinderen te krijgen moeten die mogelijkheid hebben, vind ik.

'Count me in,' zeg ik dus. Hier wil ik me zeker hard voor maken.

42.

Toenmalig staatssecretaris van Volksgezondheid Jet Bussemaker stuurt naar aanleiding van de uitzendingen van *Netwerk* een brief naar de Tweede Kamer waarin ze aangeeft dat uitbreiding van de regels van embryoselectie voor erfelijke vormen van darm- en borstkanker naar haar mening 'een optie is' en dat het toestaan hiervan slechts 'een technische wijziging' zou zijn. Hierop barst in mei 2008 de politieke discussie over het onderwerp los. Het is elke dag in het nieuws, ik word gevraagd om commentaar te geven in het NOS-*journaal* en iedereen lijkt ineens een mening te hebben over dit onderwerp.

Het overvalt me als een lawine. Op een ochtend word ik zelfs herkend in de trein van Utrecht naar Amsterdam.

'Hé, ben jij niet dat meisje dat ik gisteren in het journaal zag over die embryo's?' vraagt iemand die tegenover me zit. Meer mensen in onze coupé horen zijn vraag en kijken allemaal naar mij.

'Uhm, ja, dat ben ik, ja.' En daarmee barst de discussie in de trein los. Het is een mooie dag, dus ik heb geen jas aan en ik heb het gevoel dat iedereen naar mijn borsten kijkt en zich afvraagt hoe het kan dat ze daar toch twee bobbels zien zitten terwijl ik gisteren nog vertelde dat ik ze niet meer heb.

Ik vind het moeilijk dat iedereen in Nederland ineens een mening heeft over dit onderwerp zonder dat ze zich daarvoor goed inlezen en laten informeren. Inmiddels weet ik dat veel kritiek op de plannen afkomstig is uit de christelijke hoek. Voor hen is embryoselectie geen optie. Overal op internet ontstaan discussies, die ik zoveel mogelijk probeer te volgen.

'Ik vind dat mensen met een erfelijk kankergen geen kinderen moeten krijgen, ze hebben dat gen niet voor niets. God heeft ze dat gegeven en daarom is niet iedereen geschikt voor het ouderschap,' schrijft iemand. Het kwetst me. Het maakt me verdrietig als mensen zoiets denken. Ben ik minder waard dan een vrouw die geen draagster is? Heb ik minder recht om kinderen te krijgen en oud te worden dan iemand anders? Volgens mij niet, maar toch ben ik daarna iets voorzichtiger met het volgen van alle discussies en fora op internet.

Dan word ik gebeld door de redactie van het discussieprogramma *Knevel & Van den Brink*. Die avond hebben ze Jet Bussemaker aan tafel en ze zouden graag een ervaringsdeskundige in het publiek willen hebben die een aantal vragen kan beantwoorden. Of ik naar Hilversum kan komen die avond. Het hol van de leeuw...

Tijdens de uitzending richt Andries Knevel zich tot mij. 'Heb jij ooit wel eens nagedacht over de vraag dat als jouw moeder de mogelijkheid had gehad die nu technisch en politiek wordt gegeven, jij er niet was geweest?' Ik ben uit het lood geslagen. Vraagt hij dit nou serieus? Ik hakkel een beetje en kom niet tot een goed en krachtig antwoord. Achteraf had ik willen zeggen: 'Andries, als jouw ouders toevallig die avond toch geen zin hadden gehad, dan was jij er ook niet geweest.'

Nadat de discussie hoog oploopt gaat de ChristenUnie op vrijdag 1 juli 2008 toch akkoord. Ze dreigden om uit het kabinet te stappen als embryoselectie voor erfelijke borst- en darmkankerpatiënten door zou gaan maar dat blijkt niet zo te zijn. Vanaf die dag is het voor mij, en met mij voor duizenden andere vrouwen, mogelijk om in Nederland te kiezen voor embryoselectie. Ik ben trots dat we dit met z'n allen voor elkaar hebben gekregen.

43.

Er komt een moment in je leven dat je officieel kunt zeggen dat je volwassen bent zonder dat je dat moment precies aan kunt wijzen. Ik ben inmiddels 28 geworden en de eerste grapjes worden gemaakt over het feit dat ik nu toch echt wel richting de dertig ga. Het is inmiddels vijf jaar geleden dat ik mijn borsten weg heb laten halen en ergens ben ik inmiddels, zonder dat ik het wist, de grens gepasseerd dat het niet meer gek is als ik zou trouwen of kinderen zou krijgen. Veel vriendinnen zijn inderdaad bezig met die cruciale, grote en bijzondere stappen. Ik niet. Ik had het idee dat ik met Michiel samen honderd zou worden, maar drie jaar geleden zijn we uit elkaar gegaan.

Na mijn operatie en de dood van Irene in 2007 bleef het ongeluk Michiel en mij helaas niet bespaard. Begin 2008 werd zijn vader ziek en hij overleed op 7 september van dat jaar aan de gevolgen van amyloïdose, een ziekte waarbij eiwitten zich stapelen op organen die daardoor hun functionaliteit verliezen. Zijn vader ging snel achteruit en het was vreselijk om weer van zo dichtbij mee te maken dat iemand van wie we zoveel hielden niet meer beter zou worden. Hij is 56 jaar geworden. Michiel heeft vaak gezegd dat hij nu pas begreep hoe ik me voelde tijdens de ziekte en het overlijden van mijn moeder. Hij heeft zich altijd wel proberen in te leven in mijn positie en het verdriet dat ik had om het verlies van mijn moeder, maar nu voelde hij dat helaas zelf ook. In die tijd zijn we ook gaan samenwonen. Ik verliet mijn studentenstad Utrecht en trok bij Michiel in toen ik 23 was. Hij had een appartement gekocht in Hoofddorp en daar konden we samenwonen. Een grote stap, maar het voelde goed. Hij was de man met wie ik oud wilde worden en we maakten plannen voor onze toekomst.

Maar het liep anders. Hij besloot van de ene op de andere dag dat hij onze relatie niet meer zag zitten. Tenminste, voor mij was dat van de ene op de andere dag. Zelf had hij hier al veel langer mee rondgelopen en de beslissing allang gemaakt. Ik had nog het 'living the dream'-gevoel, dus zijn beslissing deed mijn wereld in elkaar storten. Ik voelde me zo ontzettend gekwetst en verdrietig. Ik vroeg me af of onze relatie zo weinig waard was dat hij er zomaar, op een doordeweekse dinsdagavond, een punt achter kon zetten. Nu realiseer ik me dat het voor hem net zo goed heel moeilijk is geweest.

Met het verlies van Michiel viel er voor mij ook een groot deel van mijn zekerheid weg. Zolang ik me kon herinneren waren we samen geweest. Hij was er altijd om mee te kletsen, om me te steunen, om me te troosten. Hij was degene die me na de operatie niet anders zag dan daarvoor. Ik was voor hem nog even mooi en het verlies van mijn borsten deed daar niets aan af. Door zijn support heb ik me nooit onzeker gevoeld en was ik in staat om mijn verhaal te vertellen en daar heel open mee om te gaan. Ik had immers een man die voor mij koos. Voor 'het hele pakketje', zoals we dat wel eens noemden. Inclusief borstkanker, exclusief borsten.

Hoe moest dat nu verder, na Michiel? Ik bekeek mijn lichaam uren in de spiegel, in bad, onder de douche. Het leek alsof ik nu pas voor het eerst écht keek. Hoe zou een man die ik niet kende en die mijn verhaal niet wist, tegenover me staan? Zou hij zien dat er iets niet klopte? Of moest ik dat vertellen voordat hij me naakt zou zien? Maar ja, het kan ook zo'n afknapper zijn om van tevoren zo'n zwaar onderwerp aan te snijden. Als ik met iemand op stap ga check ik toch altijd even zijn Facebook, even een kleine Google-search. Maar als mannen dat andersom ook doen komen ze gelijk uit bij televisie-uitzendingen en de titels 'Nicky verwijderde preventief haar borsten'. Hmmm, toch niet echt het visitekaartje dat ik iemand wilde geven in die periode.

Ik had geen idee en vond het moeilijk om mijn zelfvertrouwen terug te vinden. Ik vond het eng. Het heeft lang geduurd voordat ik in kon zien dat de beslissing die Michiel voor ons maakte alleen maar goed is geweest. Ik heb geleerd om gelukkig te zijn met mezelf, met mijn eigen lichaam en met mijn eigen leven. Ik geniet van alle leuke dingen die op mijn pad komen en ik ben er sterker van geworden. Ik wil alleen maar met iemand zijn die voor de volle honderd procent voor me gaat en Michiel kon dat niet. Dan niet. Beter op dit moment dan als we toch samen een huis hadden gekocht of erger nog, kinderen hadden gehad. Toch heeft hij een enorm belangrijke rol gespeeld in mijn leven en voor zijn liefde en support ben ik hem dan ook altijd dankbaar.

44.

Al als klein meisje wist ik zeker dat ik ooit moeder wilde worden. Het heeft altijd als een gegeven gevoeld, een soort oerovertuiging die diep in me schuilt. En tot drie jaar geleden wist ik zeker dat Michiel de vader van mijn kinderen zou worden. Nu is de situatie anders en vind ik het belangrijk om een afspraak te maken met een gynaecoloog. Ik wil me graag voor laten lichten over de laatste ontwikkelingen op het gebied van de verhoogde kans op eierstokkanker die de BRCA-genmutatie ook met zich meebrengt. Ik wil weten waar ik rekening mee moet houden en hoe mijn situatie er op dit moment uitziet.

De gynaecoloog vertelt me dat vrouwen die draagster zijn van de mutatie in het BRCA1-gen in Nederland niet langer periodiek worden gecontroleerd. Het blijkt dat er te vaak vals negatieve (of eigenlijk positieve) uitslagen worden gegeven. Met andere woorden, eierstokkanker is zo lastig te constateren dat ze vrouwen te vaak een uitslag meegeven dat ze nog 'schoon' zijn terwijl later blijkt dat dit niet zo is. Ze vertelt dat er wereldwijd hard wordt gewerkt aan oplossingen en methodes om dit te veranderen, zodat eierstokkanker beter kan worden opgespoord, maar zover zijn ze nu nog niet. Ze geeft aan dat het advies is aan draagsters van de mutatie in het BRCA1-gen om de eierstokken rond je 35ste te laten verwijderen en niet meer te lang te wachten met het krijgen van kinderen. Het huilen staat me nader dan het lachen als ik het ziekenhuis uit loop. Ik heb me de afgelopen jaren voornamelijk gefocust op mijn borsten en heb het risico op eierstokkanker even links laten liggen, uit het oog verloren. En nu komt het ineens wel heel dichtbij.

Toen ik de uitslag kreeg in 2006 wist ik wat mijn doel was, mijn eindstation: de borstamputatie. Dat was concreet en ik wist waar ik naar streefde. Nu is dat anders. Want wat is nu mijn eindstation? Het verwijderen van mijn eierstokken? Maar dat betekent ook dat nog voor die stap die man en twee kinderen er moeten zijn gekomen. En ik wil helemaal niet dat die tussentijd gehaast en snel moet. Vanaf het moment dat ik hoorde dat ik draagster was, voelde de angst voor kanker alsof er een olifant op mijn borstkas stond. Een gevoel waardoor ik me soms letterlijk zwaar voelde en moeite had om goed adem te halen. Die olifant was weg op de dag na mijn operatie, toen ik mijn ogen weer opende, hoe misselijk en miserabel slecht ik me ook voelde. Maar ineens was hij daar weer toen ik het UMC uit liep; de angst voor kanker zit zo diep.

Ik wil de komende zeven jaar niet leven met die olifant, maar het is ontzettend moeilijk voor me om de angst voor eierstokkanker op afstand te houden. Ik hou in dit opzicht van zekerheden en die gaat niemand me de komende jaren geven. Ik heb de gynaecoloog tijdens een second opinion gevraagd of het nodig is dat ik nachten wakker lig van de angst om de komende jaren al kanker te krijgen. Ze kijkt me lachend aan, wetend dat ik op zoek ben naar die ene strohalm. 'Alles kan, maar de kans dat het vrouwen jonger dan 35 jaar overkomt is misschien maar 1 of 2 op de 100.'

Dus nee, ik moet proberen er niet wakker van te liggen maar juist verdergaan met leven, genieten. Voor alle zekerheid laat ik mijn eicellen invriezen voor het geval dat het toch per ongeluk misgaat de komende jaren en ik mijn eierstokken verlies. Dan weet ik dat er ergens in een vriezer in Utrecht toch nog iets van mij ligt en dat geeft me een fijn gevoel.

Ik ben blij dat er door middel van PGD straks voor mij een weg is om de BRCA-genmutatie niet door te geven aan mijn toekomstige kinderen. Om ons als ouders later de ziekenhuisbezoeken die mijn vader met ons heeft afgelegd te besparen. In mijn achterhoofd weet ik dan ook dat ooit samen de beslissing nemen om met de pil te stoppen om zwanger te worden, zoals sommige vriendinnetjes nu doen, niet voor mij is weggelegd. En borstvoeding geven… nee, dat ga ik nooit doen, dat kan niet meer. Ik vind het grappig dat je mensen, nu het in mijn omgeving steeds vaker over baby's gaat, soms ziet twijfelen. Je ziet ze denken: zouden haar borsten nog mee veranderen als ze ooit zwanger wordt? Kan ze eigenlijk nog borstvoeding geven? Nee, dat kan niet meer, want in mijn borsten zit weefsel uit mijn bovenbenen en mijn tepels zijn tatoeages.

Ooit durfde iemand het me rechtstreeks te vragen.

'Maar Nik,' zei ze, 'voel je je door alles wat er gebeurd is en nog staat te gebeuren dan nooit minder vrouw?' Ik vond het knap dat ze die vraag durfde te stellen. Maar het volle antwoord is nee. Ik voel me geen seconde minder vrouw. Ik voel me juist op en top vrouw. Ik heb het leven lief en sta er vol energie middenin!

45.

Mijn vader, Suzanne en Femke hebben het leven inmiddels weer opgepakt. In die turbulente tijd van het overlijden van mama en mijn operatie was iedereen druk bezig zijn eigen weg te vinden en zich staande te houden. Ieder op z'n eigen manier. Papa is inmiddels gelukkig met een andere vrouw, Yvonne. Ik ben ontzettend blij dat zij zijn leven gekruist heeft. Ze is een heel bijzondere en warme vrouw die mijn vader weer gelukkig maakt. Die hem weer doet lachen en leuke dingen met hem doet, waardoor het soms lijkt alsof hij wel tien jaar jonger is geworden. Mijn moeder zal hij nooit vergeten, wij allemaal niet. Yvonne heeft haar plaats dan ook niet ingenomen. Ze is een toevoeging, een nieuwe fase. En ook voor ons is ze werkelijk een schat. Mijn vader heeft dit geluk verdiend en ik hoop dan ook dat hij daar nog heel lang samen met haar van kan genieten.

Met Suzanne en Femke is de band de afgelopen jaren alleen maar sterker geworden. Ze zijn mijn beste vriendinnen, mijn raadgevers, mijn steun en toeverlaat. Ik vraag me vaak af of onze band ook zo geweest zou zijn als mijn moeder niet was overleden. Vroeger maakten we veel ruzie, zoals kleine meisjes dat doen. Maar we konden ons ook uren vermaken met winkeltje spelen, schaatsen op je sokken door de woonkamer en lummelen (Femke was 'm altijd, best zielig achteraf gezien). Na weken zeuren kregen we mijn ouders zover dat we niet meer op vakantie gingen naar een huis in een afgelegen omgeving maar naar een camping, met een heuse tent. Het leek ons zo leuk om met al die andere kinderen te spelen, maar uiteindelijk vermaakten we ons altijd prima met elkaar. De kinderclub was geen plek waar we graag kwamen, liever trokken we er met z'n drietjes op uit om een videoregistratie te maken van onze vakantie of om lekker te zwemmen.

We hebben al op heel jonge leeftijd geleerd wat het betekent om iemand van wie je zielsveel houdt te verliezen. Dat heeft ons gemaakt tot de vrouwen die we nu zijn maar heeft ons ook samen voor altijd verbonden. We hebben hetzelfde meegemaakt. Samen met papa, vrienden en familie hebben we voor mama gezorgd en we zijn alle drie op onze eigen manier een product van haar opvoeding. Hoe ouder we worden, hoe meer we op sommige momenten op elkaar, maar ook op mama, lijken. Als we met z'n drietjes op stap gaan wordt Femke, die vijf jaar jonger is dan ik, toch steevast als oudste gezien. Ik kom er altijd als jongste van af en dan liggen we in een deuk. Ik hoop dat mensen dat nog steeds zeggen als we eenmaal zestig zijn!

Suzanne en Femke hebben zich inmiddels ook laten testen op de BRCA-genmutatie. In dezelfde mate waarin ik ervan overtuigd was dat ik draagster was, geloofde Suzanne heilig in het tegenovergestelde, dat ze het gen niet droeg. Op de dag van de uitslag hield ik mijn hart vast. Ik hoopte met elke vezel van mijn lichaam dat de uitslag inderdaad zo zou zijn. Nonchalant kwam ze de wachtkamer uit lopen: 'Ik zei het toch'.

Gelukkig heeft ze gelijk gekregen. Suzanne is geen draagster en kan de genmutatie dus ook nooit doorgeven. Voor Femke lag het ingewikkelder. Ze had zelf geen duidelijk voorgevoel over de uitslag en ik kon het zelf ook niet plaatsen. De ene dag dacht ik dat het goed zou komen, de andere dag had ik er geen goed gevoel over. Heel soms stond ik de gedachte toe van een toekomst met twee BRCA-loze zusjes. Wat zou dat het leven in dat opzicht gemakkelijk gemaakt hebben. Een van de drie is geen slechte score. Dat zou bovendien betekenen dat we nu, na mijn operatie, het ergste wel achter de rug zouden hebben en ook Femke haar toekomst met veel vertrouwen tegemoet zou kunnen zien.

Helaas blijkt het lot ons, en vooral haar, anders gezind. Ook Femke draagt de BRCA-genmutatie. Zo'n enorme tegenvaller. Ik had zo graag, met heel mijn hart, anders voor haar gewenst. Mijn eigen situatie is zoals die is. Ik ben daaraan gewend en weet inmiddels wat me te wachten staat. Ik kan leven in die wetenschap en heb in grote mate geleerd om mijn angst voor kanker een plaatsje te geven. Maar voor mijn 'kleine' zusje (ze is een kop groter dan ik) zou ik alle nare dingen die haar pad kruisen op willen tillen en weg willen halen. En dat kan ik niet. Dit gaat nooit meer weg en het heeft me diep geraakt dat dit haar niet bespaard is gebleven. Daar waar ik me niet langer zorgen maak om mezelf, maak ik me meer dan ooit zorgen om haar. Ondanks het feit dat we zusjes zijn en veel op elkaar lijken, gaat Femke hier anders mee om. Femke is een andere vrouw, met een ander lichaam en een andere beleving. Waar ik vanaf het eerste moment dat ik me kan herinneren leefde in de overtuiging dat ik mijn borsten zo snel mogelijk weg wilde laten halen als zou blijken dat ik draagster was, ziet zij dat anders. Uiteindelijk is dat wel de weg die ze wil bewandelen, maar ze weegt zorgvuldig af hoe die eruit moet zien. Ontzettend veel bewondering heb ik daarin voor haar. Ze heeft prachtige, grote borsten en ik snap dat het moeilijk is om daarvan afscheid te nemen. Ze passen bij haar, horen bij haar. Ze neemt haar tijd om af te wegen wat bij haar past zonder zich te laten leiden door wat haar grote zus gedaan heeft en wat mensen daarom misschien ook van haar verwachten. De manier waarop ze veel beter dan ik in staat is om zich niet onmiddellijk te laten leiden door de angst voor kanker vind ik bijzonder en ik ben dan ook waanzinnig trots op haar. Ook Fem vindt hierin haar eigen weg en bij elke stap zullen Suus, papa, Yvonne en ik aan haar zijde staan.

Er zijn wel eens mensen die me vragen of ik het niet moeilijk vind dat ik het gen wel draag en Suzanne niet. Of ik niet jaloers op haar ben. Maar zo heb ik daar nog nooit naar gekeken. We maken er soms grapjes over en dan word ik gekscherend 'een beginnersfoutje' genoemd. Ik heb de slechte ogen van mijn vader, het slechte gebit, het talent om ongelukkig te vallen en BRCA van mijn moeder. Maar gelukkig is dat een grapje. Ik ben juist waanzinnig blij met alle positieve en mooie dingen die ik van ze meegekregen heb. En voor Suzanne en Femke wil ik natuurlijk niets dan het beste. Ik kan aan mijn situatie toch niets veranderen, dus nee, ik ben niet jaloers. Ik hou onvoorwaardelijk van ze en de manier hoe ze er in de tijd van mijn operatie voor me zijn geweest heeft dat opnieuw bevestigd. En ik kan me dan ook niets mooiers wensen dan dat we allemaal een heel mooie en gelukkige toekomst tegemoet gaan. Hopelijk nog heel lang met papa en Yvon.

EPILOOG

Ik ben blij dat ik een kind ben van deze tijd. Ik kan keuzes maken waar mijn oma in haar tijd misschien alleen maar van kon dromen. Het feit dat ik nu, als jonge vrouw, in mijn bikini over het strand kan lopen zonder dat iemand ziet dat mijn borsten niet 'echt' zijn vind ik een wonder. Mijn zelfvertrouwen groeit als een man me zonder kleren heeft gezien en wel ziet dat er 'iets' niet klopt maar toch schrikt als ik mijn verhaal vertel, want dat had hij niet verwacht. Mijn dokter heeft een prachtige klus geklaard en daar ben ik hem dankbaar voor. Maar ik moet niet vergeten dat ik een geluksvogel ben. In deze tijd weten artsen zoveel meer dan toen in 1971 en 1984, toen mijn oma ziek werd. Sterker nog, toen mijn oma doodging wist ze niet eens dat dat aan erfelijke borstkanker was.

Toch brengen deze nieuwe tijden ook weer nieuwe moeilijkheden met zich mee. Tegenover artsen zitten als 21-jarig meisje en volhouden dat je echt heel graag je borsten wilt laten amputeren en het gevoel krijgen niet serieus genomen te worden vond ik ontzettend ingewikkeld. Ik vond het zo oneerlijk dat ik zo hard moest vechten terwijl het mijn eigen beslissing was. Gelukkig is er de afgelopen jaren al een heleboel veranderd. Mede door de publiciteit die er niet alleen rondom mijn verhaal is geweest maar ook rondom dat van andere jonge vrouwen, heb ik het idee dat een beslissing zoals die van mij steeds meer geaccepteerd wordt.

Althans, dat hoop ik. Maar ik hoop vooral dat ik voor mijn zusjes, nichtjes, achternichtjes en alle andere vrouwen met erfelijke borstkanker in de familie een voorbeeld mag zijn. Net als mijn moeder in haar veel te korte leven altijd mijn voorbeeld is geweest. Vechten voor wat je wilt en niet opgeven. Ze heeft me geleerd dat je het leven lief moet hebben. Dat je ook zonder borsten een heel gelukkige en mooie vrouw kunt zijn.

Ik heb veel afscheid genomen in mijn nog korte leven. Van mijn moeder, Irene, de vader van Michiel maar ook van mijn borsten, mijn relatie en mijn zekerheid. Maar ik heb ook 'hallo' kunnen zeggen tegen heel veel prachtige nieuwe mensen en uitdagingen die mijn pad hebben gekruist en dat worden er de komende jaren alleen nog maar meer. Ik grijp ze met beide handen aan en ben er dankbaar voor.

Dat alles maakt ook dat ik me vaak heel bewust ben van waar ik mee bezig ben. ‘Doe ik nog waar ik gelukkig van word? Ben ik op de goede weg?’ Daarom heb ik begin 2012 de uitdaging om coördinator te worden van het Adamas Inloophuis in Nieuw-Vennep met beide handen aangegrepen. Een inloophuis waar we ons met ruim honderd vrijwilligers inzetten voor de psychosociale ondersteuning en begeleiding van mensen met kanker en hun naasten. Een heel mooie, bijzondere en warme plek om te ‘werken’. Daarnaast heb ik ook mijn eigen bedrijfje opgericht en doe ik opdrachten op het gebied van communicatie en evenementen.

Karin Bloemen zingt een prachtig lied over de dag waarop je moeder sterft. ‘De dag waarna je nooit meer kind zult zijn.’ Daar heeft ze gelijk in. Ik mis mijn moeder nog steeds elke dag. Er gaat geen dag voorbij zonder dat ik even aan haar denk. Als ik iets meemaak of haar iets zou willen vragen, of soms gewoon uit het niets. En als ik terugkijk op wat haar allemaal is overkomen, heb ik het gevoel dat er een aantal momenten is geweest waarop het net zo gemakkelijk anders had kunnen lopen. Haar eigen keuze om te gaan voor controles in plaats van de preventieve amputatie en de cruciale scan in 1997 waarbij geen actie ondernomen is. Ik weet dat het ‘als... dan...’ denken geen oplossing biedt, maar ik had haar zo graag langer bij ons gehad. Een gedichtje op de rouwkaart van Irene doet me ook altijd denken aan hen allebei: ‘God’s garden must be beautiful, he only takes the best.’

Mama leeft altijd in ons door. Voor mij is zij een van de belangrijkste redenen geweest om dit boek door te zetten. Het af te maken. Om voor altijd vast te leggen wie ze was en waar ze voor gevochten heeft. Ik hoop dat ze trots is dat het er nu is. Trots is wel wat ik op haar ben. Dat zij mijn moeder is en ik haar dochter ben. Voor altijd, ook al is ze niet meer hier.

Ik zie mijn moeder nog zitten, daar in Les Vaux. Vol overgave zingt ze met haar koptelefoon op voor de camera mee met Liesbeth List. En als de angst de kop opsteekt haal ik me de overtuiging waarmee mijn moeder dat lied zong voor de geest. Haar leven is ook niet gelopen zoals ze had verwacht en al helemaal niet zoals ze het gewild had. Maar ze heeft het wel volop geleefd en ervan genoten. Dat geeft veel kracht en sterkt me een beetje meer in het gevoel dat mijn weg elke dag weer een verrassing is en dat het leven me brengt wat het voor me in petto heeft.

Huil als het moet tot je stikt in al je tranen
Maar ontwapen je verdriet met dezelfde overgave
Als waarmee je huilt, je kunt uit je as herrijzen
Het geluk van het moment zet een streep door het verleden
Heb het leven lief als de stormwind gromt en als de lente komt
En verberg je niet als de regen valt en als de donder knalt
Zing het hoogste lied, vlieg in vogelvlucht door de blauwe lucht
Heb het leven lief en wees niet bang.

Liesbeth List

WOORD VAN DANK

Een boek schrijf je niet 'zomaar'. Dat weet ik nu. Dat wist ik niet toen ik eraan begon. Het verhaal dat ik wilde vertellen zat in mijn hoofd, maar ik vond het in het begin ontzettend moeilijk om het op papier te krijgen. Totdat ik Edith ontmoette, die me ontzettend goed heeft geholpen, waardoor het ineens lukte en het boek er nu toch ligt. Dank daarvoor, Edith! En dat er dan mensen zijn die in het project geloven en het omarmen is fantastisch. Dank aan Corien, Friso, Guido, Floortje en alle mensen bij Prometheus dat jullie mijn droom werkelijkheid hebben gemaakt. En tot slot mijn vader, Suus, Fem, Yvonne, vrienden en vriendinnen: dank voor jullie enthousiasme en geduld als er weer eens mails voorbijkwamen met tekstwijzigingen, nieuwe covers en titels. Zonder jullie was het zeker niet gelukt!

Rest me alleen nog te zeggen dat dit boek een weergave is van de situatie zoals ik die beleefd heb. Het is mijn visie op wat er gebeurd is en hoe ik die ervaren heb. Ik hoop dat ik daarmee niemand in verlegenheid breng of een slecht gevoel bezorg. Als dat wel zo is, bedenk dan dat mijn belevenissen slechts subjectief zijn en de waarheid voor iedereen weer anders kan zijn.